JN261326

これからはじめる人のための
楽しい乗馬ビジュアルテキスト

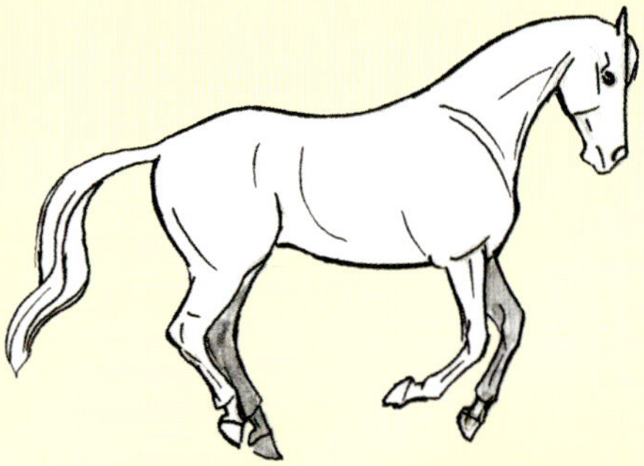

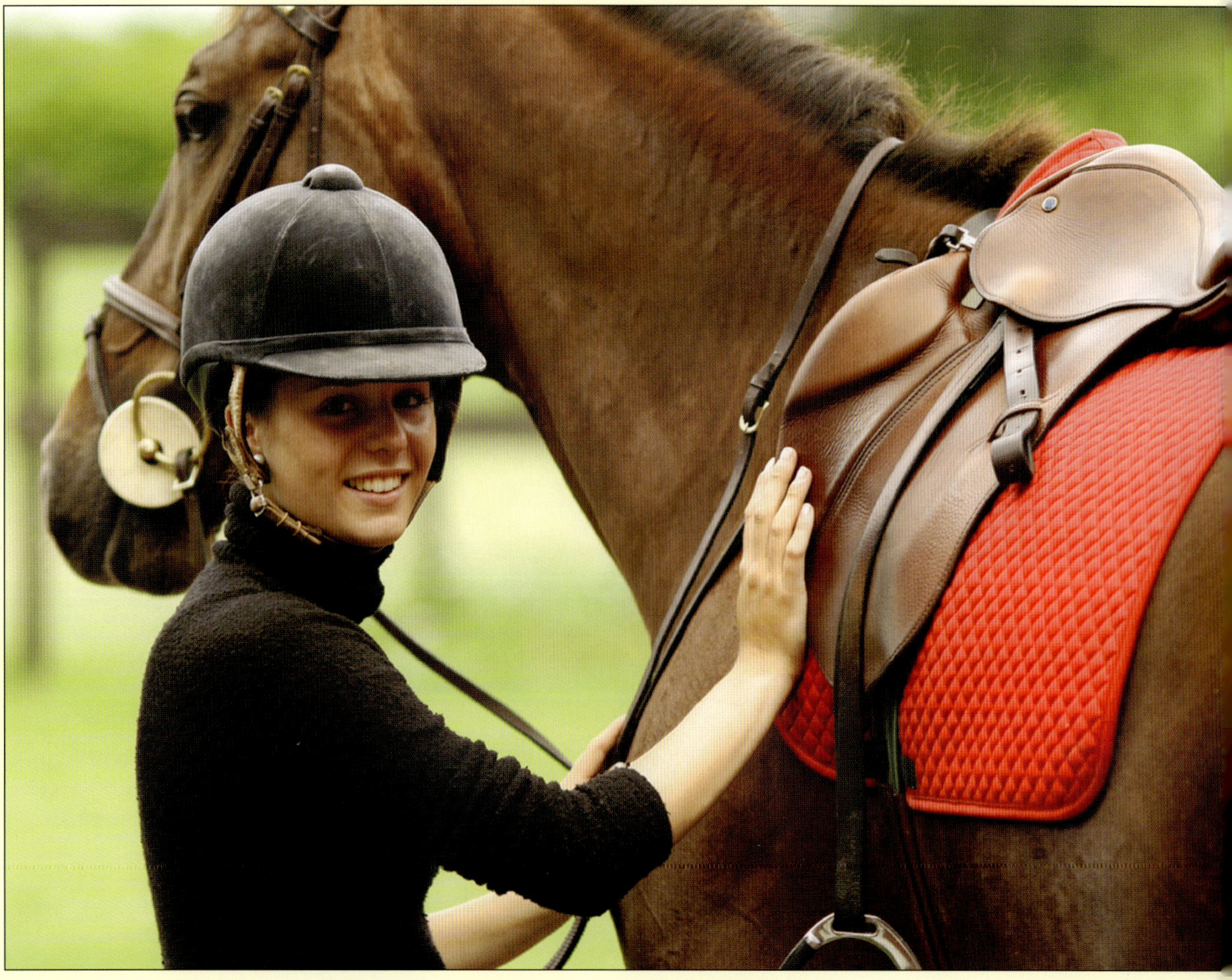

これからはじめる人のための
楽しい乗馬ビジュアルテキスト

ジョー・バード 著／楠瀬 良 訳・監修

緑書房

楽しい乗馬ビジュアルテキスト

Published by
Interpet Publishing,
Vincent Lane,
Dorking,
Surrey RH4 3YX,
England

© 2008 Interpet Publishing Ltd.
All rights reserved

First published in Japan by Midori Shobo
Copyright © 2012 ... All rights reserved.
Originally published in 2009 by Interpet Publishing

Published by arrangement with Interpet Publishing,
a division of Interpet Limited, Dorking, Surrey, UK
through Tuttle-Mori Agency, Inc., Tokyo

訳・監修者のことば
本書は、乗馬をはじめたばかりの人にはもちろんのこと、上級者にとっても参考となる乗馬技術の解説書です。著者が長年の経験のなかで習得した知見が、多くの写真を使ってわかりやすく、ときにユーモアを交えて書かれています。また、本書のユニークな点は、ブリティッシュ馬術を基本にしながらも、ウエスタン・スタイルの馬術についても触れていることです。この２つの乗馬スタイルは、馬具、扶助の仕方、歩様など、多くの点で異なります。最近では日本でもウエスタン馬術の愛好者が増えてきました。本書はウエスタン馬術をはじめたい人にとっては、日本語で読める数少ない入門書といえるでしょう。またウエスタン馬術のプレッシャーのかけ方など、ブリティッシュ馬術に親しんできた人でも「目からウロコ」な点が多いでしょう。ぜひ多くの人が本書を手にし、自身の乗馬技術に磨きをかけていただければ幸いです。

著者プロフィール
著者は幼少のときから自分の馬を所有してきました。これまで飼ったことのある馬は、子馬から老練な馬まで、また大型の伝統的なコブタイプから美しく魅力的な競走馬まで多岐にわたります。馬を非常に愛しており、午前中は馬の世話に明け暮れ、午後にオフィスに出勤するという生活を送ってきました。現在は馬の飼養管理方法のアドバイザーとして、また、乗馬用品を製造するトップ企業で新製品の企画を助言する顧問として働いています。著書に『Keeping A Horse The Nature Way and Breaking Bad Habits In Horses（馬を飼う―自然に則し、馬の悪癖を矯正する）』があります。

著者の謝辞
写真を撮ってくれたSwordersの皆さん、ならびにLucy Back, Micell Cogger, Ellen Cutlip, Kathy Griffiths, Sarah Howe, Jo Jones, Laura Key, Gill Leage, Sarah Pamment, Adele Rawlinson, Gill Walkerに謝意を表します。また素敵なモデルになってくれた次の方々にも感謝します。Kate & Lucy Fallen, Harriet de Freitas, Jenny Grahams, Ellie Griffiths, Jeanette & Kelly Holzinger, Laura & James Howe, Abbey & Leah Jolliffe, Harriet & Hal Jones, Jeannie Mott, Jeanna Moyers, Lotte Notley, Amber Tucker、みんな素晴らしい騎乗ぶりでした。

目次

第1章	乗馬をはじめる前に	6
第2章	馬具と馬装具	10
第3章	乗馬と下馬	24
第4章	馬の気持ちを理解する	32
第5章	効果的な扶助	36
第6章	移行	42
第7章	旋回と屈曲	52
第8章	バランスと推進力を改善しよう	58
第9章	ペアやグループで乗ってみよう	70
第10章	障害飛越をはじめよう	74
第11章	馬場馬術	84
第12章	クイズ　あなたはどんなライダーですか？	90
	用語集	93
	索引	94

第1章

乗馬をはじめる前に

　いつかは自分の馬を持ちたい、それが無理でもせめて完璧に馬を乗りこなしたいと思っているなら、どこで乗馬を習うかを決めることが大切です。「教えてあげましょう」と気軽に言ってくれる人がいるかもしれませんが、実際にはその人は技術不足かもしれません。また、素人に習うと何か事故が起こっても十分な補償を受けられない可能性があります。結局1回か2回落馬してあきらめるのがおちでしょう。

　どこで乗馬を習うかを決めるときには次の項目を参考にしてみましょう。実際に見学したり、電話で相談したりするときに、こうした設問を頭に入れておくとよいでしょう。

- 乗馬クラブまでの距離…どうやって通うか？
- 授業料はいくらなのか、その料金でどのようなレッスンが受けられるか？
- 自分の体格や技術に見合った馬やポニーがいるか？
- 適正な保険に入っているか、優れたインストラクターがいるか？
- 雨天のときに使える屋内馬場はあるか？
- 競技会はあるか、調教や馬の管理に関するレッスンや試験があるか？

あなたの目標は何でしょうか？
- おとなしい馬にときどき乗れるぐらいの基本的な乗馬技術を身につけ、休日に乗馬を楽しみたい。
- 趣味の範囲で、より高度な乗馬技術を身につけたい。
- 馬場馬術、障害飛越、クロスカントリーなどの競技会に出場したい。
- 美しい景色を眺めながら乗馬で散策したり、馬や友達と楽しく時を過ごしたりしたい。
- 自分の馬やポニーを所有したり共有したりすることを前提に、乗馬や馬の管理について深く学びたい。

　自分にとって本当に必要なことがわかれば、それを学ぶのに最適な場所を見つけることができるでしょう。

　前もって施設を見学して、レッスンを見せてもらうことは大切です。インストラクターの人となりを知ることができるかもしれません。厩舎にいる馬も見てみましょう。幸せそうで健康で目が輝いているでしょうか？　疲れてやせ細ってはいないでしょうか？　厩舎は清潔ですか？　馬糞はたまっていませんか？　馬が遊べるような放牧地はありますか？

覚えておきましょう：レッスンを始めたのになかなか上達しない、あるいは馬やインストラクターがどうも自分に合わないと思ったら、別の乗馬クラブにかわりましょう。レッスンに行くのは、やりがいのある趣味を楽しむためです。そもそも、楽しいと思えなくては何にもなりません。

Point 乗馬クラブを決める前に、余暇を楽しむ乗馬をしたいのか、馬場馬術をやりたいのかなど、どのようなジャンルの乗馬をやりたいのか、はっきりさせておきましょう。

▲近くの乗馬クラブの**見学に行ってみましょう**。入会を決める前に施設をよく見て、馬やインストラクターにも会ってみましょう。

◀**屋内馬場があれば**雨天でもレッスンを受けられます。

◀◀**グループレッスン**はとても楽しいものです。お互いに競い合ったり、教え合ったり、失敗を笑い合ったりもできます。

第1章

乗馬スタイル

　乗馬スタイルにはブリティッシュとウエスタンの2種類があります。

　ブリティッシュ馬術では、それぞれの手で手綱(たづな)を握り、別々に動かすように教えられます。右に馬を進めるためには右側の手綱を、左に進めるには左の手綱を操作します。拳(こぶし)は前橋(ぜんきょう)の少し手前で低く構えます。前橋とは馬の鬐甲(きこう)を圧迫しないために作られている鞍の前側の少し出っ張った部分を指します。普通、鐙(あぶみ)は比較的短く、鐙に足を乗せると騎乗者の膝はおよそ120度の角度になります。イメージとしては騎乗者の耳、肩、腰、踵(かかと)を結ぶ線が縦に一直線になるように鐙の長さを調節します。乗り手は4種の歩法(馬の歩き方)を拳、脚(きゃく)、騎座(きざ)で制御します。4種の歩法とは常歩(なみあし)※、速歩(はやあし)※(軽速歩(けいはやあし)も含む)、駈歩(かけあし)※、襲歩(しゅうほ)※のことです。乗り手は、馬がこれら4種類の歩法を収縮姿勢※でできるように完璧にコントロールします。また、障害飛越は、ブリティッシュ馬術ではごく普通に行われる種目です。

　ウエスタン馬術は、かつて牧場でカウボーイたちがやっていた仕事が起源で、アメリカ合衆国、カナダ、オーストラリアで発展しました。ウエスタン馬術では、2本の手綱を一方の手で持ち、もう一方の手は使いません(カウボーイたちは、その手で牛に投げ縄をかけました)。ウエスタン・スタイルの鞍はブリティッシュ・スタイルの鞍より安定して騎乗できるように作られています。鐙の長さは長めで、脚を前方に伸ばすことができます。軽速歩はせず、快適さと機能性に優れた歩調で動きます。歩法の種類は常歩、ジョグ※(緩い速歩)、ロウプ※(ウエスタン式の駈歩)、襲歩です。馬は鋭い旋回と素早い加速、減速ができるよう調教されていますが、この動きはかつては家畜の群れを追うのに必要とされた技術でした。騎座や鞍の形状から、ウエスタン馬術では飛越競技は滅多に行われません。

装具

　多くの乗馬クラブでは乗馬用の帽子やヘルメットを貸してくれますが、最低限ぴったり合った乗馬用長靴は用意しましょう。乗馬を習うことに決めたら、トレーニングに見合った乗馬服を買うとよいでしょう。

▲**長靴のかたち**には流行がありますが、鐙に合うよう幅の広すぎない丈夫なものを選びましょう。

◀▶**ヘルメットや帽子**は騎乗するときには必ずかぶります。軽量タイプもあります。

乗馬をはじめる前に

手綱は両手で持ち、別々に動かします。拳はちょうど馬の鬐甲の上あたりで低く構えます。

手綱は短く持ちます。

ブリティッシュ・スタイル
重心は頭、肩、腰、踵まで一直線になります。前や後ろに傾かないように座骨の上にまっすぐに座ります。

手綱は片手で持ち、サドル・ホーンの前側、へその高さに構えます。手綱を持たない手は、横でぶらぶらさせても構いません。

肩と腰は進行方向に向けます。

踵は腰より前に出します。

ウエスタン・スタイル
手綱は圧し手綱ができるよう長めにたるませて持ちます。騎座による扶助※を強めるために、座骨の後方に座るのが特徴です。

▲カウボーイハットはかっこいい。おチビさんですが、こんな大きな馬の背に乗れば、驚くほど自信ありげに見えます。

◀こんなラフな服装でも安全です。でも、肩が日焼けしてしまうかもしれませんね！

第2章

馬具と馬装具

　馬具一式とは鞍、頭絡（とうらく）、手綱（たづな）、鐙（あぶみ）のことを指しますが、これらの馬具を使うと、馬とより容易にコミュニケーションをとったり制御したりすることができます。裸馬に乗るより、はるかに快適で安定した騎乗が可能となります。

　それでは、今後頻繁に使うことになる代表的な馬具をいくつか見ていきましょう。まず頭絡とハミを紹介します。

ブリティッシュ・スタイルの頭絡

　頭絡は普通は革製ですが、近年、エンデュランス競技※、アマチュアによる競馬、馬車競技などではナイロン織物製のものが使われるようになってきています。ポニーサイズ、コブサイズ、標準サイズなどさまざまな大きさのものがあります。違和感なくしっかり固定できるよう、1つ1つ頭部の大きさに合わせて調節できるようになっています。項革は耳の後ろに通し、枝分かれした一方はハミを支える頬革に、もう一方は喉の下を通す喉革に結びます。頭絡によっては鼻革のついたものもあります。鼻革は馬の頭部の見栄えをよくするという目的がありますが、口を閉じさせることによってハミの作用を高める効果もあります。

ハミ

　ハミはいわば手綱を装着するためのマウスピースです。この道具は、乗り手が馬を制御する際の助けとなります。普通、ハミは金属（鉄、ニッケル、真鍮、銅）でできていますが、ゴム製のものもあります。実際には何百種類にのぼるさまざまなタイプのハミがあります。ハミ身（口に入る部分）のつなぎ目が1カ所のものもあれば数カ所のものもありますし、単に棒状のハミもあります。ハミの両サイドは、1つあるいは複数のリング、長さの異なるバー（棒）、シャンクなどを介して手綱につながっています。ハミによっては、馬の顎の下を通す鎖がついているものもあります。これらのハミを介して、拳のほんのわずかな動きの違いを伝えることで、馬が軽やかに動くのを促したり、頭を上げ下げさせたりすることができます。また、前に行きたがる馬を強く抑えるためのハミもあります。しかし、最初は鼻革（カブソン※）にシンプルなハミがついたものを使う方がよいでしょう。馬を服従させるために制御力のある道具に頼るより、馬とのコミュニケーションの技術を向上させることに集中した方がよいからです。やがてあなたも、左右の手に持った2本ずつの手綱がハミ（この場合はペラムやギャグ）に異なる作用を及ぼすことや、2個の頭絡をつけ、2本のハミを口に含ませる理由がわかるようになるでしょう。

目標　経験豊富な人に、馬やポニーに乗るときにハミをどのように使っているか聞いてみましょう。

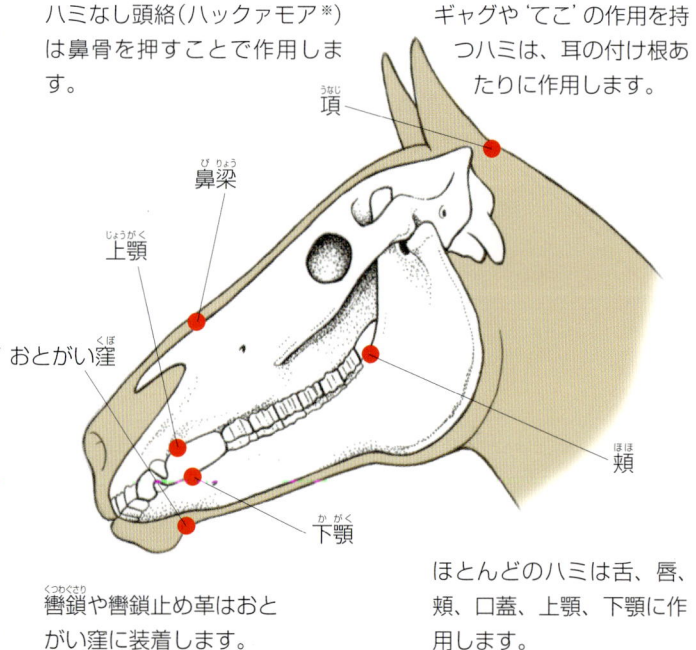

ハミなし頭絡（ハックァモア※）は鼻骨を押すことで作用します。

ギャグや'てこ'の作用を持つハミは、耳の付け根あたりに作用します。

項（うなじ）
鼻梁（びりょう）
上顎（じょうがく）
おとがい窪（くぼ）
頬（ほほ）
下顎（かがく）

轡鎖（くつわぐさり）や轡鎖止め革はおとがい窪に装着します。

ほとんどのハミは舌、唇、頬、口蓋、上顎、下顎に作用します。

> **Point** シンプル・イズ・ベスト。なるべく簡素な馬具を使って、正確な制御技術を身につけた方が、長い目で見たとき、はるかに優れた成果をもたらすでしょう。

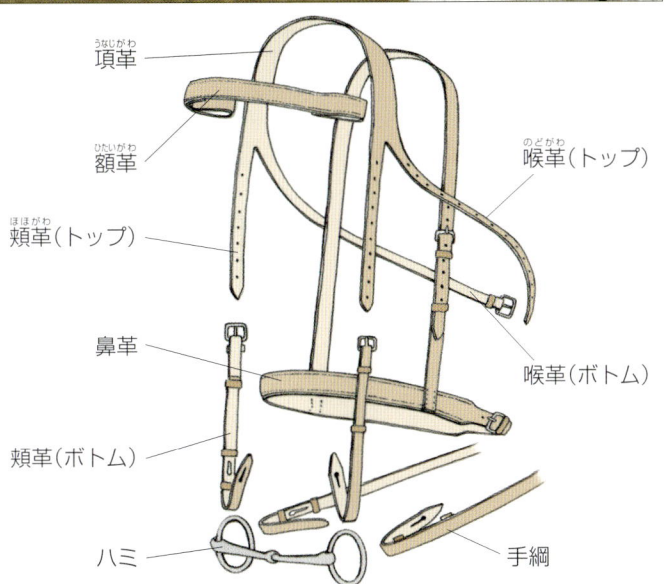

図中ラベル：
- 項革（うながわ）
- 額革（ひたいがわ）
- 頬革（トップ）（ほおがわ）
- 鼻革
- 頬革（ボトム）
- ハミ
- 喉革（トップ）（のどがわ）
- 喉革（ボトム）
- 手綱

▶ タイダウン※、マルタンガール※、ギャゼットなどは、**どうしても必要なときにだけ使います**。余計な馬具は、馬にとってはむしろ邪魔な存在です。

▲ 頭絡は誘導のための馬具であって**頭部を抑え込むためのものではありません**。この単純なウエスタン・スタイルの頭絡は、馬に優しくかつ効果的です。

第2章

頭絡の装着（ブリティッシュ・スタイル）

　頭絡には一般的に、ポニーサイズ、コブサイズ、標準サイズの3種類があります。鞍と違って、革紐にたくさんの穴が開けられており、それぞれの部位の大きさに簡単に合わせられるようになっています。

　頭絡を馬につけるときは、**やさしく**装着することを忘れてはいけません。馬の顔の皮膚はとても傷つきやすいものです。またバックルや革紐で馬の目を間違って引っかいたりしないよう注意してください。

注意：大抵の鼻革は、ハミの後ろ側に装着しますが、フラッシュ鼻革※、ドロップ鼻革、グラクル鼻革は、馬の口が開かないように、ハミの前方に装着します。

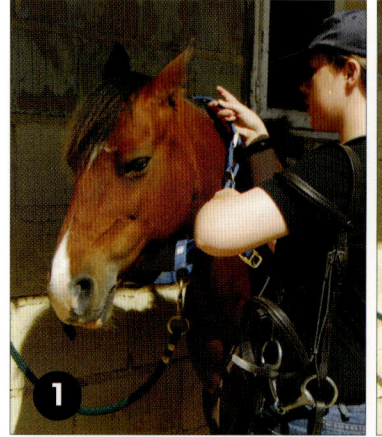

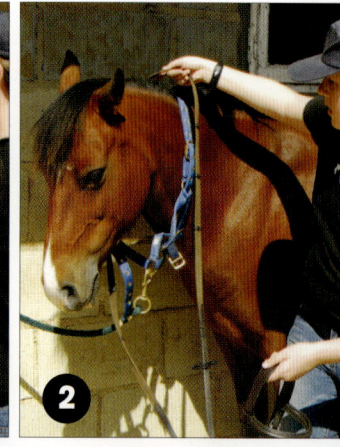

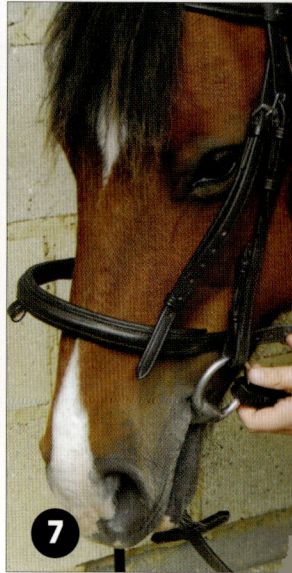

1. 馬の左側に立ちます。まず無口頭絡をはずし、頸のまわりに回しますが、その状態でも馬が静止していることを確認します。
2. 馬の頭部に手綱をくぐらせて、頸の上に置きます。
3. 左の手のひらにハミを平らに置き、右手で頭絡を持ち右腕を顎の下に入れます。
4. 馬の唇にハミを押しつけます。馬が口を開けたがらない場合は口角に左親指を入れ口を開けさせます。そこには歯が生えていませんから噛まれる心配は無用です！
5. 口の奥にハミを引き入れ、片耳ずつ項革をやさしくかけます。
6. たてがみが項革に引っかかっていないか確認し、前髪を額革の上に出してやります。
7. 鼻革は頬革の内側に装着します。鼻革と顎の間に2本の指が通せるぐらいの余裕を持たせて留めます。先端はベルト通しに通します。
8. 喉革は顎の下を通す細長い紐です。馬の頬と喉革との間に4本の指が入るぐらいの余裕を持たせて締めます。最後に、ハミが不釣り合いにならないよう左右同じ位置の穴で留まっているかを確認します。どの革紐もベルト通しにきちんと通されていれば、頭絡全体がピシッとして見えるでしょう。

馬具と馬装具

Point 鞍と頭絡のバックルは両側にありますが、普通は左側で留めたりはずしたりします。

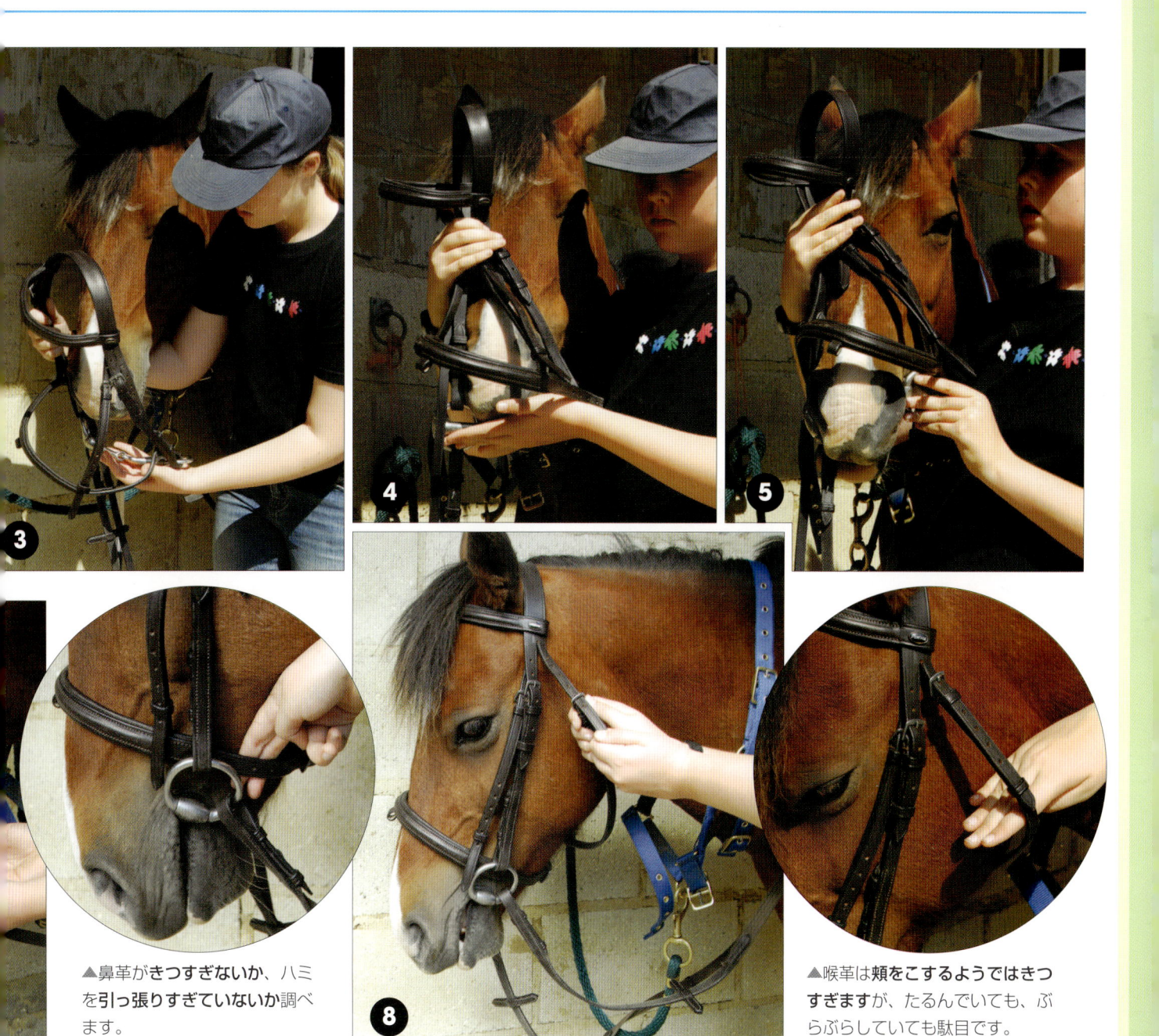

3

4

5

▲鼻革がきつすぎないか、ハミを引っ張りすぎていないか調べます。

8

▲喉革は頬をこするようではきつすぎますが、たるんでいても、ぶらぶらしていても駄目です。

第2章

ウエスタン・スタイルの頭絡

　ウエスタン・スタイルの頭絡には、簡素なものから華麗なものまでさまざまなものがあります。ブリティッシュ・スタイルの頭絡と比べると、かなり少ないパーツで構成されています。額全体にかかる額革か、馬の片耳だけにかかるループがついており、この頭絡にハミを固定する頬革を連結します。乗り手は、顎の下側に下がる長いシャンクの付いた大勒ハミ※を使います。シャンクの先端には手綱を結びます。手綱は1本の輪のようにはせず、地面を引きずらないように馬の反対側の頸にだらんとかけます。

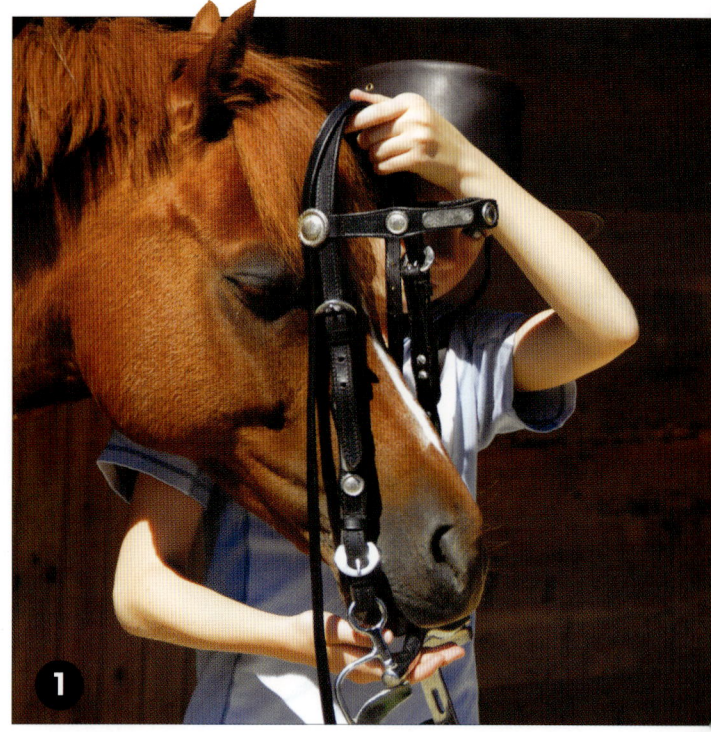

ウエスタンスタイルの頭絡のかけ方
1. 一方の手に頭絡を持ち、もう一方の腕を馬の顎の下に回します。
2. ハミを持ち上げ、馬の口に入れてやります。
3. 手を伸ばして、片耳ずつやさしく頭絡にくぐらせます。
4. 額革から前髪を垂らし、喉革があれば頬と喉革との間に4本の指が入るくらいの余裕を持たせて締めます。

　ウエスタン・ハックァモアはハミがついていない頭絡で、馬を誘導するための「ボザール」※と呼ばれる重い鼻革がついています。乗り手によっては、馬の口にハミをかませる頭絡よりもボザールで馬の鼻や顎にプレッシャーがかかるハックァモアを好みます。

馬具と馬装具

Point 2本に分かれた手綱を使用する場合、頭絡を装着する際に手綱を自分の右肩にかけ、人や馬が踏むことがないようにしましょう。

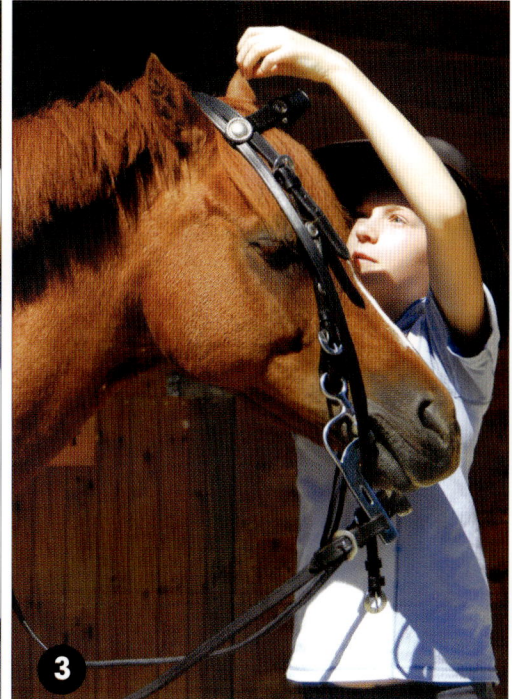

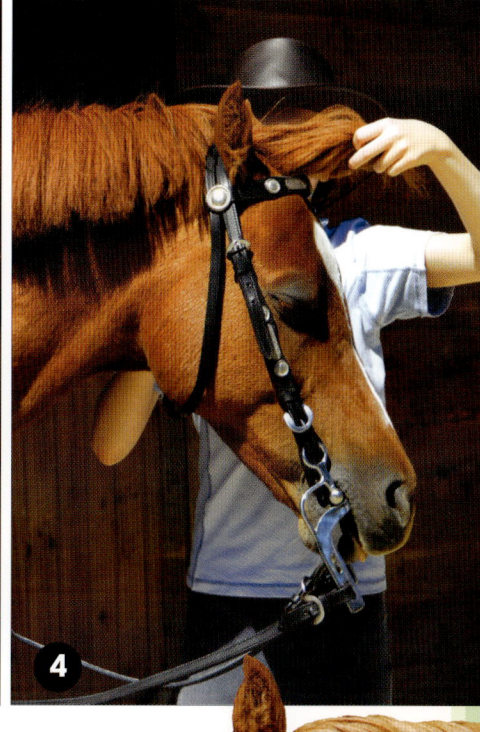

❷

❸

❹

▶頬革は目にかからないようにし、轡鎖(くつわぐさり)は平らにたるませて装着しましょう。

◀ウエスタン・スタイルの馬具は、ロープや寝袋を運ぶのに都合が良いようにデザインされています！

第2章

ブリティッシュ・スタイルの鞍

　鞍には、馬の体型や、通常の乗馬用、馬場馬術用、障害飛越用などの乗馬スタイルに合わせて、さまざまな型とサイズのものがあります。

　鞍の長さは前橋の側面（金属鋲の近く）から後橋の中央部頂点までを一般的にインチで測ります。ポニー用の鞍は15〜16インチ（38〜41㎝）、一般乗馬用の鞍は17〜18インチ（43〜46㎝）です。

　鞍の幅とは、前橋が鬐甲の後ろにかかる所の幅を指します。鬐甲が高い細身のポニーには幅の狭い鞍が必要ですし、丸っこいコブタイプの馬には、鬐甲を痛めないためにMサイズの鞍が必要です。鞍褥には羊毛や綿が使われますが、昨近は空気の入ったクッション素材も使われます。

　鞍下パッドと鞍下クロスはクッション用毛布で、普通は羊毛革や布地でできています。鞍の下に敷いてクッション性を高めたり、汗を吸い取ったりすることで鞍を清潔にしておくために使います。

▼**ブリティッシュ・スタイルの鞍は**、鬐甲の形に合わせて異なった幅のものが作られています。長さは前橋から後橋まで斜めに測ります（写真下）。

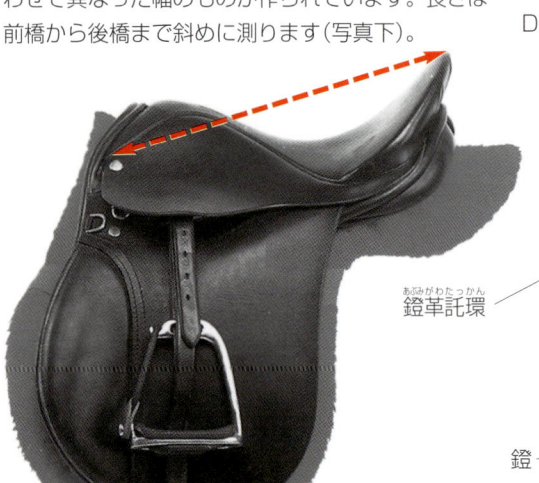

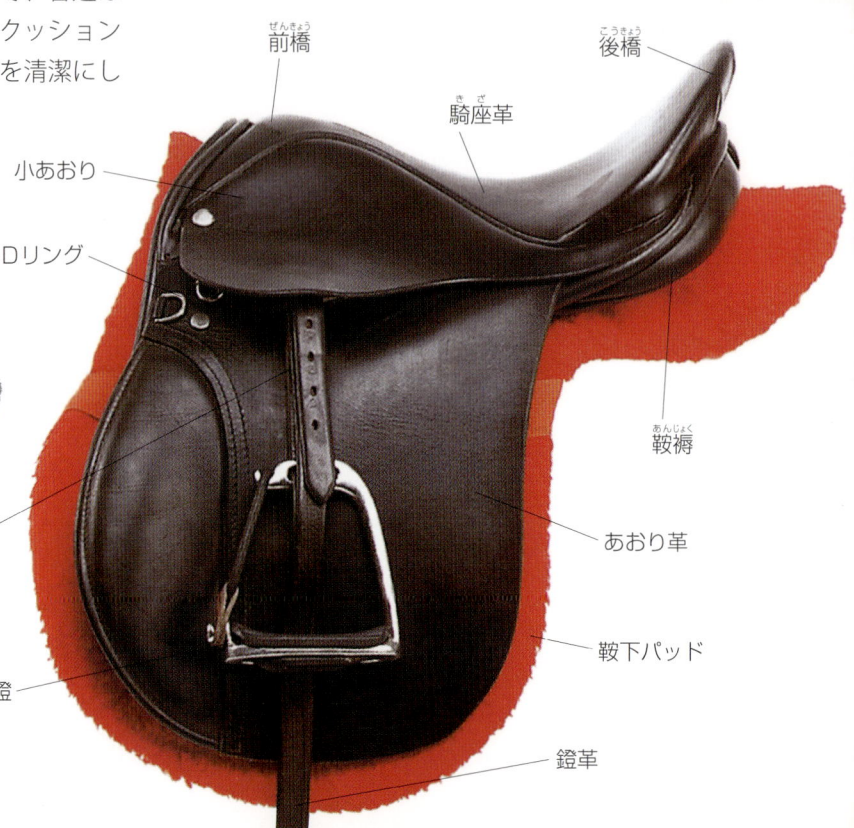

前橋　後橋　騎座革　小あおり　Dリング　鞍褥　あおり革　鞍下パッド　鐙　鐙革　鐙革託環

馬具と馬装具

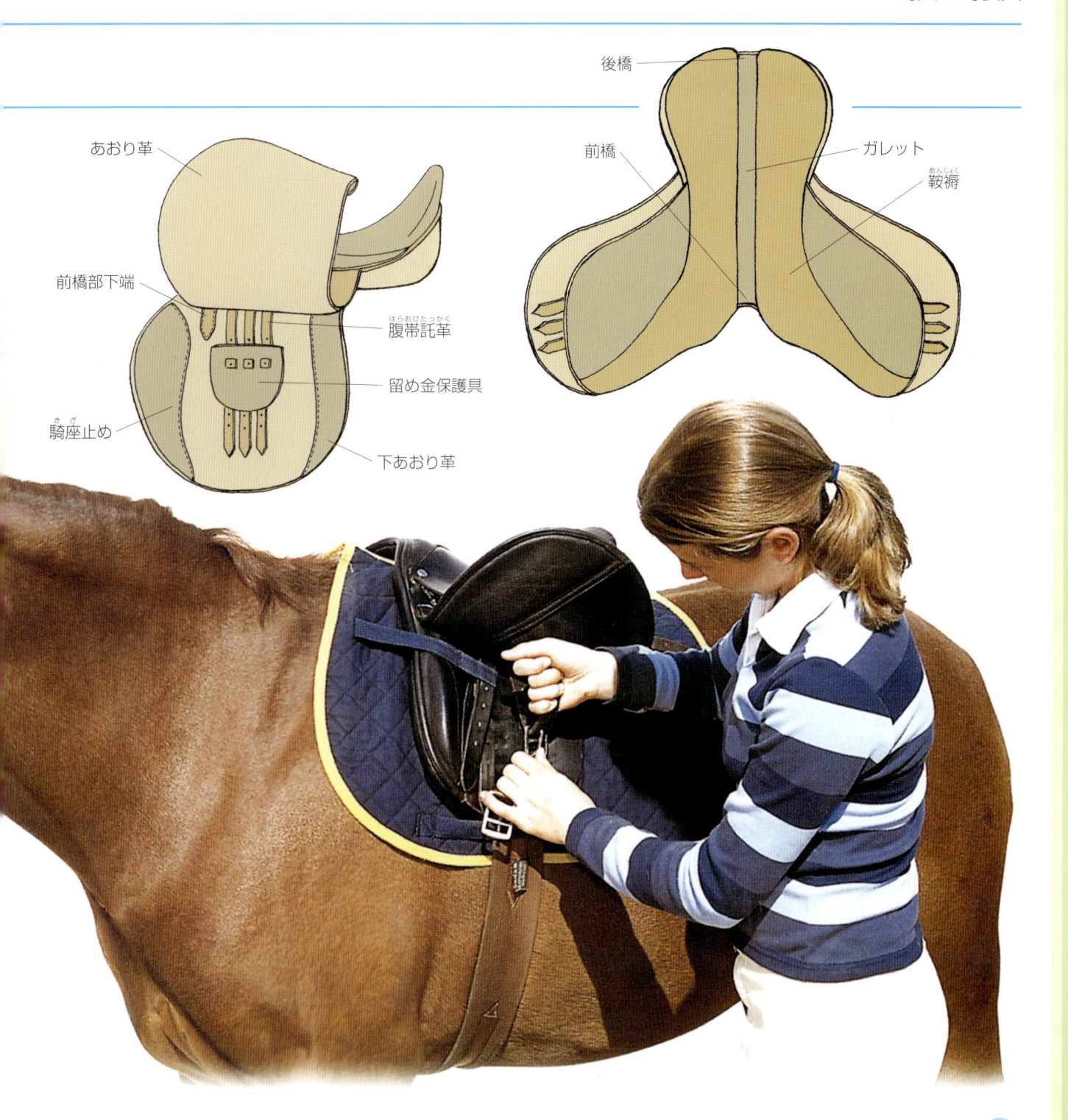

後橋
前橋　　　ガレット
　　　　　鞍褥（あんじょく）

あおり革
前橋部下端
腹帯託革（はらおびたっかく）
留め金保護具
騎座止め（きざどめ）
下あおり革

第2章

鞍を置く（ブリティッシュ・スタイル）

　初めて馬に乗るときは、たぶん馬はすっかり馬装を終えた状態であなたを待っていることでしょう。でも慣れてきたら、自分で鞍を安全に置く方法を知る必要があります。

　鞍は重いものもあるので、鞍を運ぶときは、鞍の下に一方の腕を入れて運びます。肘が前橋のところに来るように腕を入れ、もう一方の腕で全体を支えるのが一番良いでしょう。腹帯は鞍の上に折り上げましょう。地面を引きずると汚れてしまいますよ！

1. 馬がつながれていることを確認したあと、馬に鞍を見せてやりましょう。このとき馬の左側に立ちます。
2. 最初に鞍下パッドまたは鞍下クロスを鬐甲の高い部位も覆うように広げましょう。
3. 鞍を高く持ち上げて鞍下パッドの上にそっと下ろし、鬐甲の後ろにぴったり合うようにすべらせます。
4. 鞍下パッドの前の部分を前橋の最上部まで引き上げ、前橋が鬐甲を不自然に圧迫していないかどうか確認します。鞍下パッドには、後方にすべるのを防ぐために腹帯託革を通すループや、腹帯そのものを通す大きなループがついている場合もあります。
5. 馬の腹部に腹帯を回します。鞍上から見て腹帯は常に鞍の右側から下がっていなくてはなりません。そして常に左側で着脱します。
6. 腹帯は、馬を驚かさないように締めましょう。一気に締めるより、まずゆるめに留め、徐々にきつく締めていくほうが、馬には優しいといえます。
7. バックルが鞍と自分の脚をこすらないように、バックルガードを引き下げます。
8. 馬の肘の方から腹帯の内側に手を挿し入れ、馬の皮膚にできたシワをなめらかにならします。

▶**ゴム製の帯紐がついた腹帯**は扱いやすく、伸縮性があって馬にも快適です。

▼鞍は**両手で支えましょう**。鞍もキズつけませんし、人にも安全です。

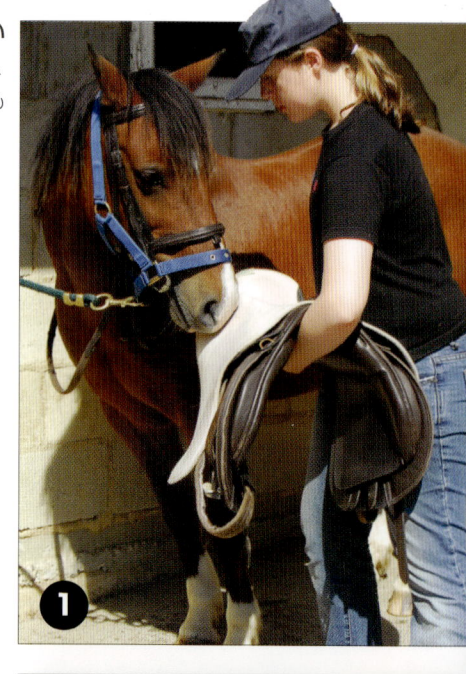

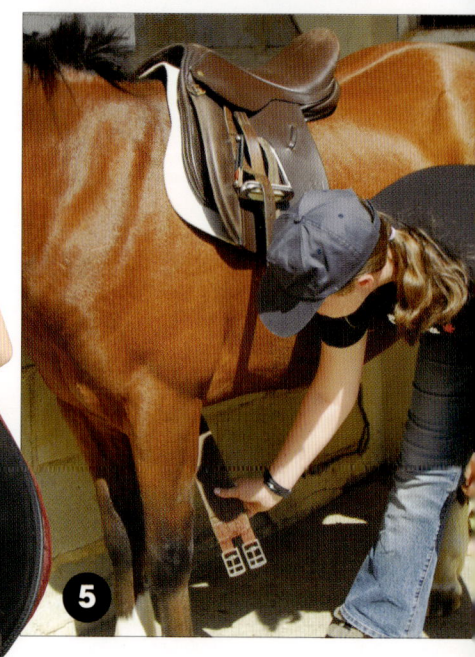

馬具と馬装具

Point 腹帯は段階的に締めていきます。馬を少し歩かせてから再び締め直します。最終的には、騎乗したときに自分の体重でゆるんでいないか、チェックをしてください。

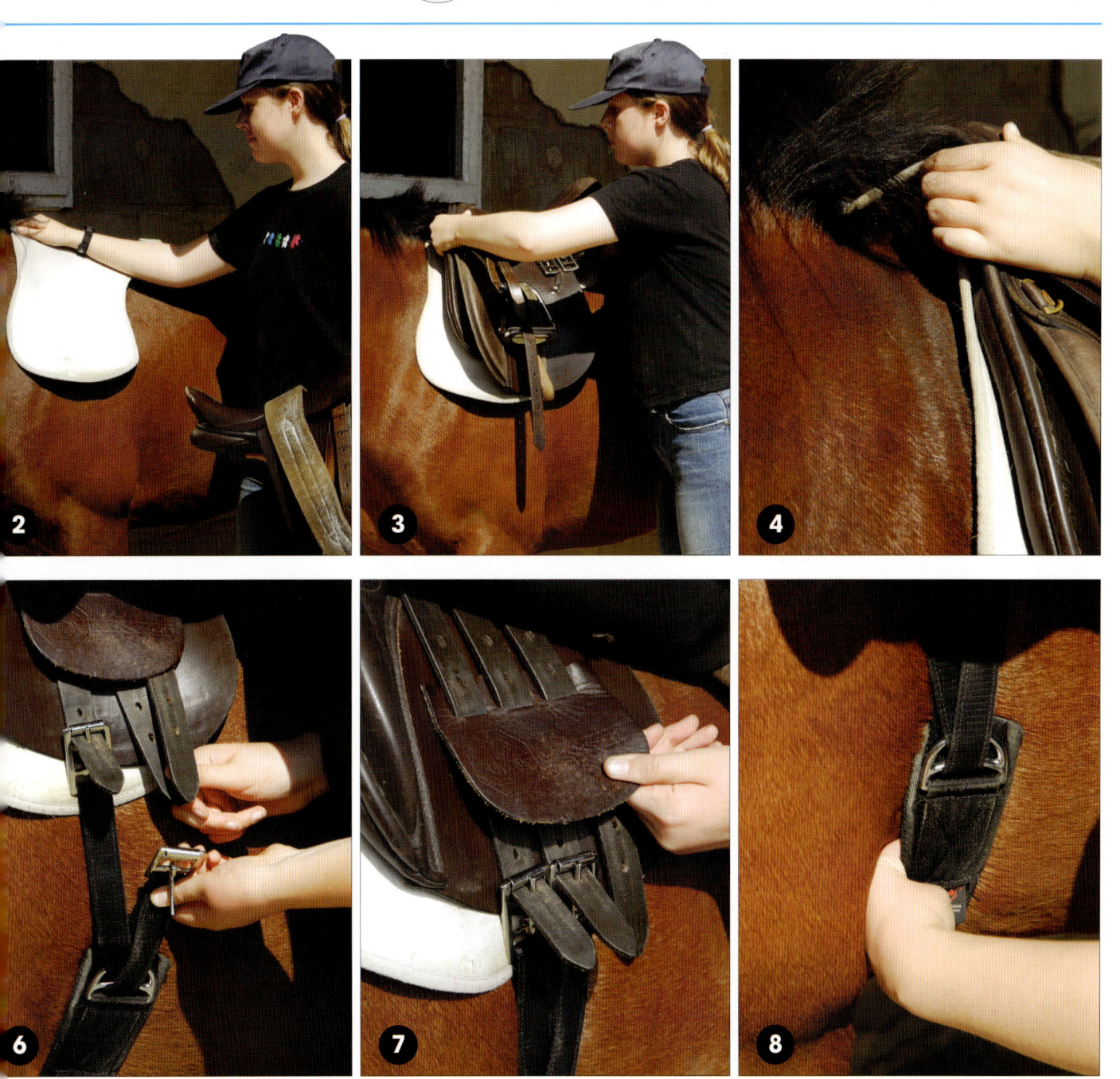

第2章

ウエスタン・スタイルの馬装具

ウエスタン・スタイルの鞍

　ウエスタン・スタイルの鞍は幅が広く、1つの鞍がさまざまな体型の馬に使えるようにデザインされています。裏側はたいてい羊革で覆われ、さらに馬が快適なように厚いブランケット(鞍下毛布)を敷きます。前橋部には高い突起があります。これは牛を保定するときや、馬の背に載せた荷物を固定するための支柱としてデザインされたものです。この突起と背中側の高い後橋があるため、つかまる部分がたっぷりあるという点で、騎乗したときに安心感があります。

　スティラップ・レザー(鐙革)には表面がつるつるした泥よけがついており、脚がスティラップ・レザーに挟みこまれることがないようになっています。スティラップ(鐙)は欧州で使われている鉄製のものよりかなり幅広く、木製で、革で覆われています。腹帯は「シンチ」と呼ばれ、組紐、織物、細縄や皮革でできています。

ウエスタン馬具の装着方法

1. パッドや毛布を馬の背の前方に置き、後ろに引いて正しい位置に合わせます。
2. 鞍をそっとパッドの上に下ろし、シンチを下げます。
3. 鞍の左側のストラップを、シンチの輪に通します。
4. ストラップを上方に引き上げ、鞍の金属製の輪に前か

ホーン
フォーク(スゥエル)
フロント・ジョッキー
シーチジョッキー
キャントル
バック・ハウジング
(バック・ジョッキー)
スカート(あおり革)
ラティゴ・キャリア
レザー・ストラップ
ウェビング・ストラップ(ラティゴ)
フェンダー
ストリング・クリンチ
バックル
スティラップ・キーパー
スティラップ(鐙)
バンケット　パッド(鞍下毛布)

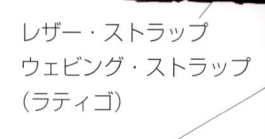

▲さまざまなタイプの鞍があります。馬術用の鞍は騎座が深く、ローピング鞍は鐙がかなり前方についています。またバレル・レーシング(p51参照)用の鞍は短く、スカート(あおり革)が丸味をおびています。

馬具と馬装具

Point 下図のようにラティゴを結んだだけではシンチをきつく締めるのがむずかしいときは、騎乗中でも締められるよう、両端にバックルがついたシンチを使います。

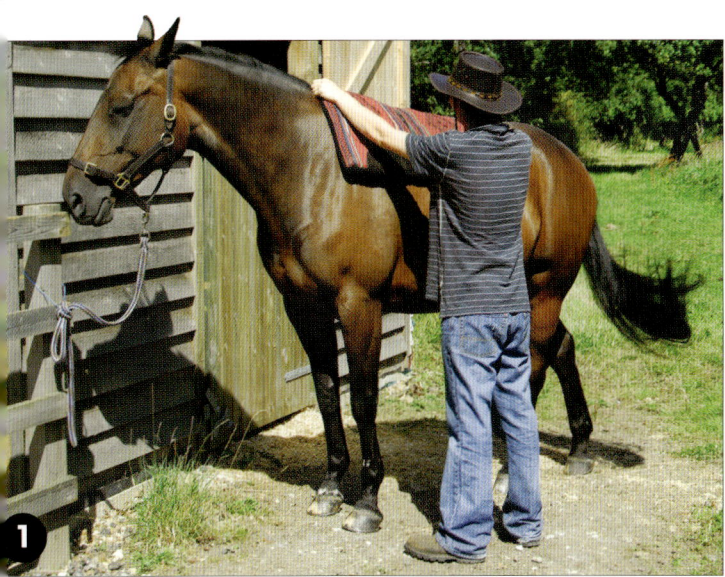

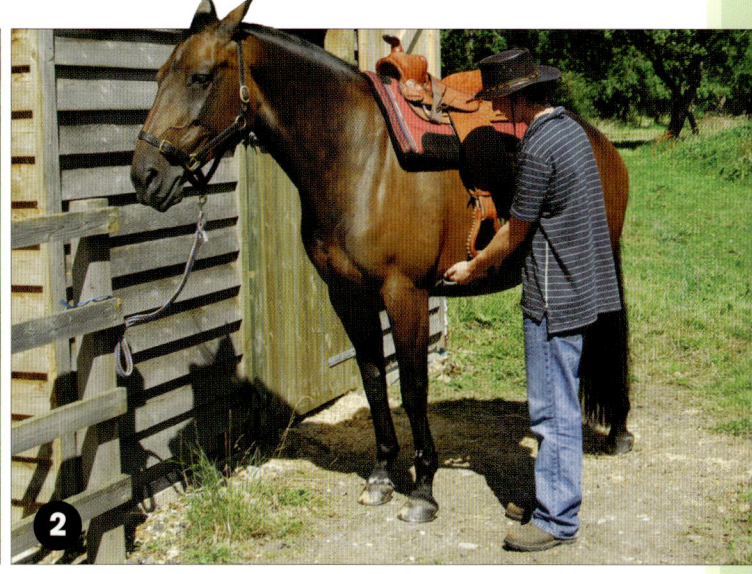

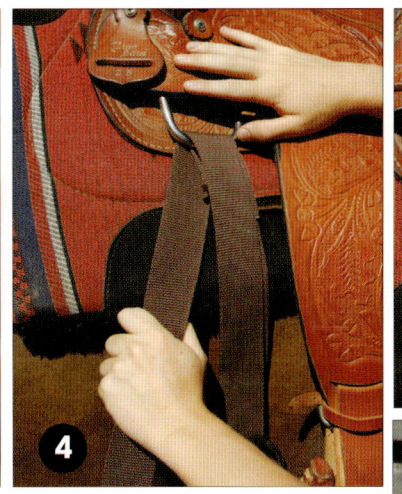

5. きつく引っ張ってから輪に巻きつけます。
6. 二重に巻きましょう。
7. ストラップを下方から鞍の輪に通します。
8. ストラップをループに通し、結び目を締めつけます。

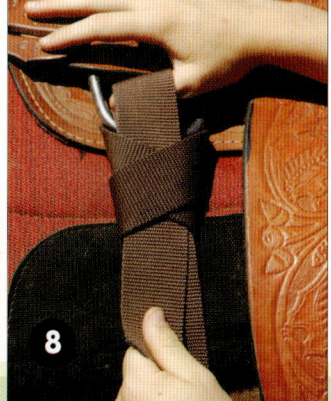

第2章

鐙(あぶみ)(スティラップ)

　鐙は、安心して鞍にまたがるために、とても重要です。もし鐙が長すぎれば、いつも脚を伸ばした状態になってしまうので、確実に足を鐙にかけ続けることが難しくなります。また反対に短すぎれば、鞍に体重をかけすぎた状態になり、重心移動や軽速歩(けいはやあし)がやりにくくなります。

　馬装の際に鐙を自分にちょうどよい長さにするには、まず自分の指先を鐙革託環の端に置き、腕に沿って鐙革を引っ張ります。鐙の底がちょうどあなたの脇の下にくるようにすればよいでしょう（写真下）。

▲3通りの鐙の長さを比べてみましょう：長すぎるとはずれてしまいそうですし、短すぎると脚がきゅうくつそうです。正しい長さなら安全で調和がとれます。

鞍上での鐙の長さの調節

　ブリティッシュ・スタイルで用いられる一般的な鐙の長さでは、騎乗したときにくるぶしの骨と鐙の底が同一線上にきます。鐙の長さが違っていたり、左右の長さが不ぞろいだったりする場合、周りに誰も手助けしてくれる人がいなくても、決してあわててはいけません。次のようにすれば、自分で調節することができます。

1. まず手綱をまとめるか、片手で持ちます。両足を鐙にかけたまま、調節しない方の足に体重をかけます。手を下に伸ばし、調節しようとする革紐を引き上げてバックルをはずします。
2. 短くするために引っ張るか、長くするために足で鐙を下方に押すかして、正しい長さに鐙革を調節します。
3. ちょうどよい穴のところでバックルを留め、バックルが鐙革の内側の鐙革託環(あぶみがわたっかん)のところにくるようにスライドさせます。少し練習すればひとりでできるようになるでしょう。

鞍上での腹帯の調節

　多くの場合、数分騎乗すると腹帯を締め直すことが必要となります。体重で鞍が押し下げられたり、馬がリラックスした結果、腹帯がゆるみます。静かに馬が立っているのを確認してから片手で手綱を持ちます。

1. 手を下に伸ばしてあおり革をめくります。脚は前方に伸ばし、あおり革がじゃまにならないように押さえます。
2. 腹帯託革(はらおびたっかく)の一方を引き上げると同時に締め直し、新しいベルト穴にバックルがきちんと入ったことを確認します。
3. 指を腹帯の下にすべり込ませ、しっかり締まったかを確認し、必要なら締め直しましょう。

馬具と馬装具

Point 鐙革にはたくさんのベルト穴があります。同じ馬にたびたび乗るなら、どの穴があなたにぴったりの長さになるのか覚えておきましょう。

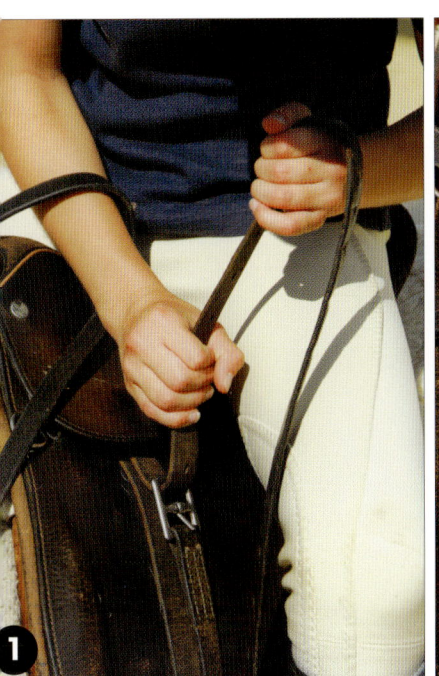

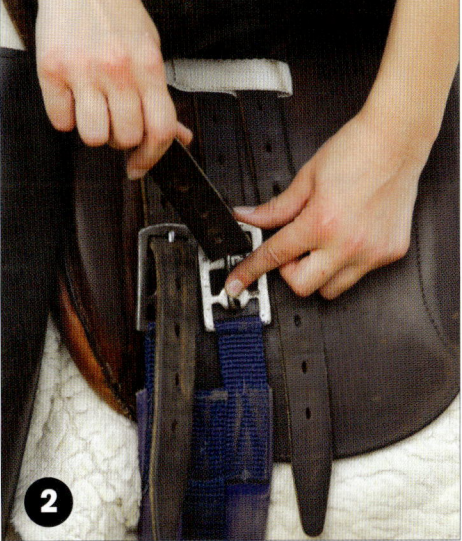

第3章

乗馬と下馬

　ここでは「乗馬」を、馬の背に乗るという意味で使います。跳び乗りを学びましょう。ただし、背の高い馬の場合は技術が必要です。一方、踏み台を利用したり、誰かに足を持ち上げてもらったりして乗馬することもできます。**乗馬の前には、必ず腹帯がしっかり締まっているかチェックしてください。**乗馬しようとしたときに鞍がずれたら、ひどいけがを負いかねません。

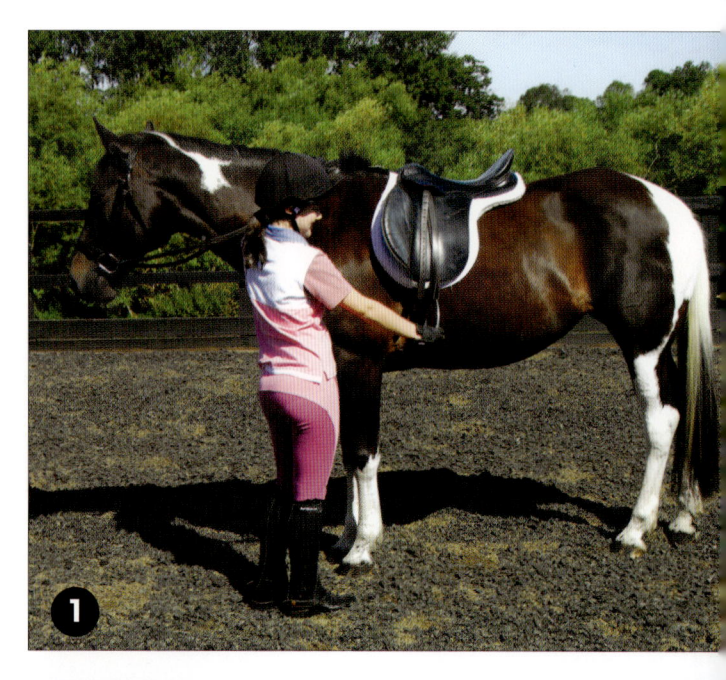

跳び乗り

1. 馬の左肩の近くに、馬の後方を向いて立ちます。馬が歩き出さないように両手綱を左手で持ち、右手で鐙(あぶみ)の後ろ側を前に向けます。
2. 左足を鐙にかけます。これは体が柔軟でないとできませんよ！　次に片足立ちで馬の真横に体を向けます。このときにつま先で馬を突かないようにしましょう。「歩け」の合図が出たと、馬が思い違いしかねません。
3. 左手で手綱とたてがみ、または前橋をつかみ、右手で鞍の逆の端をつかみます。
4. 最後にもう一度地面を蹴り、鐙にかけている左足に体重を乗せます。
5. 左脚を伸ばし右脚を振り上げて馬の背をまたぎます。このとき、馬を蹴らないように注意してください。
6. そっと鞍に座ったら、右足を鐙にかけます。鐙革がねじれていないか、手を伸ばしてチェックします。

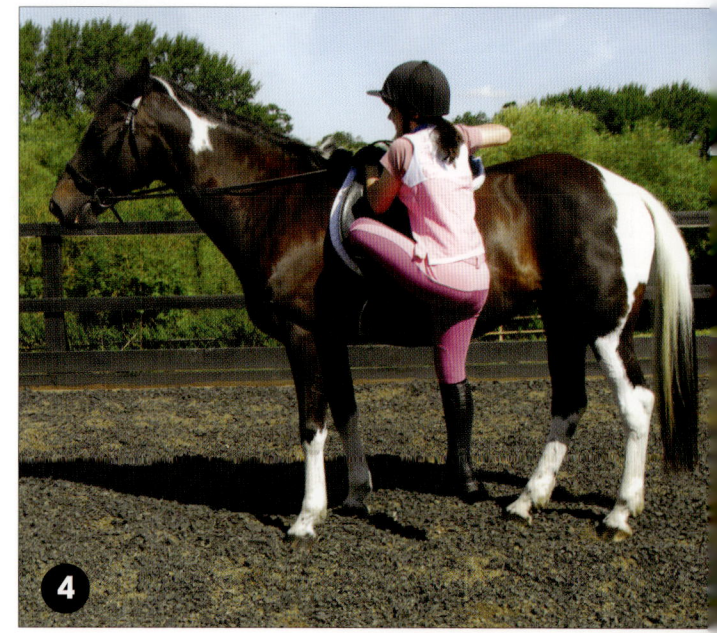

Point 乗馬のときに反対側の鐙を誰かに押さえてもらいましょう。左の鐙にかかった自分の体重で鞍がすべるのを防いでくれます。

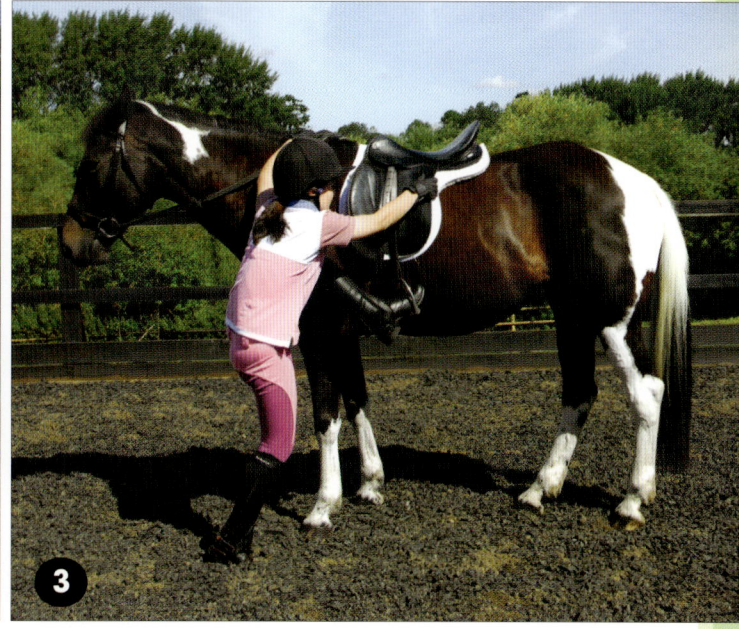

第3章

踏み台を使う

踏み台は背の高い馬に乗るときや、鞍がすべりやすいときに役に立ちます。足の位置が高くなるので、鞍上に体を振り上げる必要がなくなります。ただし、もっとも難しいのは馬を踏み台の近くにうまい具合に立たせることです！

足上げをしてもらう

地面に立って鐙（あぶみ）まで足が届かないときや、鞍をつけていない裸馬に乗るときに有効な技術です。練習は必要です。

1. 馬の体と向きあい、左手で手綱を持ち、右手を鞍の上に置きます。
2. 左膝を後方に折り曲げます。補助者が膝と足を両手で持ちます。
3. 跳び上がる瞬間を決めましょう（「いち、にの、さん」と合図してもよいでしょう）。ジャンプすると同時に補助者が足を持ち上げ、馬の背に乗せてくれます。
4. 鞍に腰を下ろします。

注意 予想以上に力の強い人がいるので注意してください。空中に高く放り投げられて、馬を飛び越えてしまった人を見たことがあります!!

目標 友達の足を持ち上げる技術も身につけましょう。

▲踏み台を使うと、鞍がすべるのを防ぐことができます。

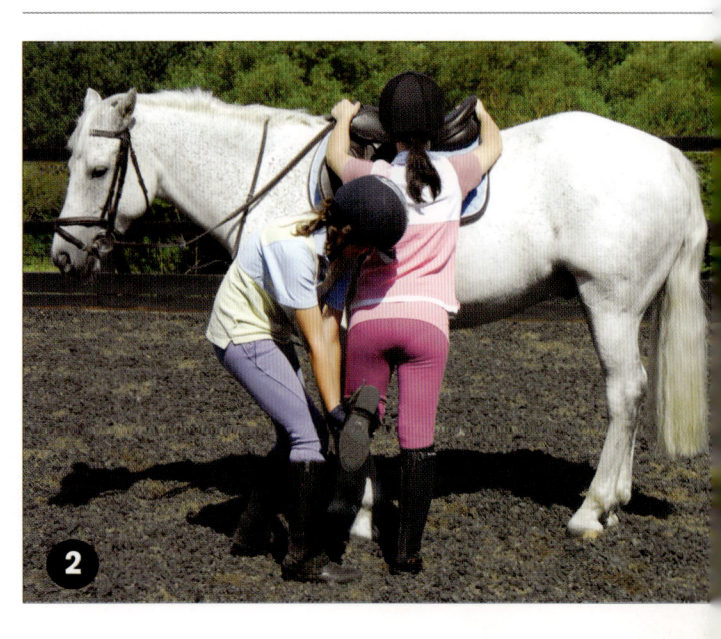

ジャンプするタイミングを補助者と決めておきましょう。

❶

❷

乗馬と下馬

Point 乗馬するときに咬みつく癖がある馬の場合、向こう側の手綱を少し短めに持って、馬の頭部があなたから少し離れるようにしましょう。

▲左のつま先を鐙にかけます。

▲飛び上がると同時に足を振り上げます。

▲優しく鞍に座ります。

3

4

第3章

下馬

　下馬とは馬から降りることをいいます。下馬する前には馬が立ち止まっていることを確認し、どの場所に自分の足を降ろすかしっかり見ておきましょう。ぬかるみや馬糞の上に足を降ろしたくはないですよね！

1. 両足を鐙からはずします。左足を鐙にかけたままにしておかないでください。馬が予想に反して動き出したときに、引きずられる危険があります。
2. 左手で手綱を持ち、右手で鞍の前橋を押さえます。
3. 前に体を倒し、右足を旋回して馬の背を超えます。このとき馬を蹴らないよう注意してください。
4. すべり降りて両足で着地します。膝は少し曲げて衝撃をへらしましょう。

　下馬したら、馬を連れ帰ったり馬装具をはずしたりする前に、**鐙を引き上げます**。そうすれば鐙がぶらぶらして脇腹に当たって、馬を驚かすことはありません。また、鐙を下げたままだと簡単に鞍に巻きついたり、鐙があなたにぶつかってきたりします。

1. 鐙革を片手に持ちます。鐙を奥の鐙革のぎりぎりのところまで引き上げます。
2. 鐙に鐙革を通します。
3. 馬を安全に引いたり、馬装具をはずしたりする準備ができました。
4. もし馬を馬場から連れ出すなら、**手綱を馬の頭からはずしましょう**。

乗馬と下馬

Point 片足を鐙にかけたまま降りてはいけません。馬が動き出したら簡単に引きずられてしまいます。

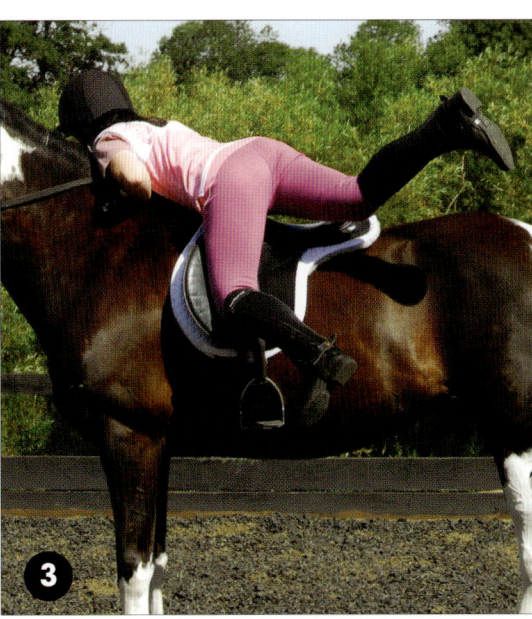

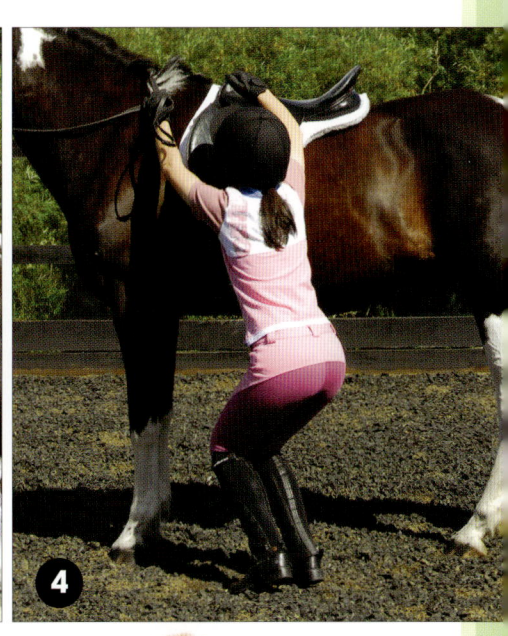

第3章

正しい手綱の持ち方

　手綱は乗り手の拳による指示を馬の口元に直接伝える道具です。ですから手綱に沿って、馬の口からあなたの手、手首、最終的には両肘までが1本のラインでつながっていることをいつもイメージしておきましょう。馬が動くときには、このわずかながらの直接的なコンタクトを一定に維持し続けます。手綱をぶらぶらゆるめたり、急に手綱を引いてそれが馬の口に伝わったりして、このコンタクトが変化すると、馬はリズムやバランスを崩すことになります。

　ブリティッシュ・スタイルでは、ハミに結ばれている手綱は、左右の手の薬指と小指の間を通し、手のひらを経て人差し指と親指で挟みます。

▲**正しい拳の位置**とハミへの細やかなコンタクトが、馬とのコミュニケーションを保つと同時に、バランスのとれた歩様を促します。

◀手綱は、**薬指と小指の間から**手のひらを通し、人差し指と親指で挟み込みます。

▲ウエスタン・スタイルでは普通、**片手で手綱を持ち、親指を上**にします。肘を中心に腕を上下させ、ホーンのすぐ手前で手綱をあやつります。

◀それぞれの手綱は**同じ長さにして平行に**持ちます。写真のような持ち方では、乗り手の意図が伝わらず、馬は指示が理解できません。

乗馬と下馬

Point 手綱を短く持ち直すためには、まず2本の手綱を一方の手で持ち、もう一方の手を前方にすべらせます。その手の親指で2本の手綱を挟み、両手で持ち直します。

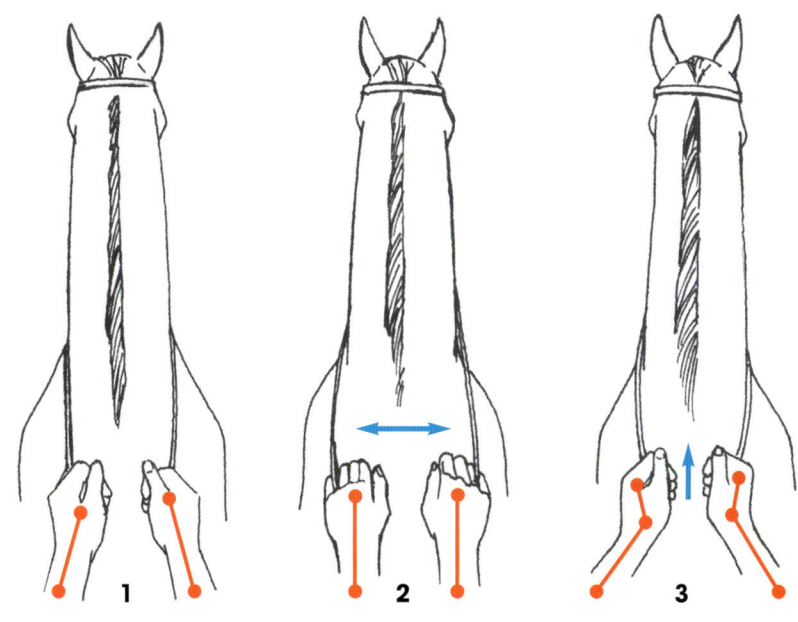

1. 親指を上に向けた正しいポジション。ハミから指先、手首、肘までがまっすぐになっています。肘は手綱の動きを抑える働きをします。
2. これは悪い例です。正しく持つためには、2個のコーヒーカップを持っていることをイメージしましょう。両手は約13cm離します。手と手の間はハミより少し広いぐらいの幅であけるとよいでしょう。
3. 軸がずれています。ハミから肘まで一直線のはずが、手首のところで曲がっています。結果として馬との細やかなコミュニケーションがとれなくなります。

▼**この手綱では長すぎます！** 乗り手は制御不能で、脚で前進を促す指示をしているにもかかわらず、コミュニケーションがとれないので馬は立ち止まっています。

31

第4章

馬の気持ちを理解する

乗馬においては、馬とうまくコミュニケーションをとり、絆を作っていくことがとても大切です。馬の気持ちがわかるようになれば上手に馬に指示を与えられるようになりますし、馬がしてほしいこともわかるようになります。

▼この馬の**反抗的な表情**は、明らかに不快感を示しています。

不快もしくは恐れのサイン
- 耳を絞る(後ろに臥せる)
- 尾をシュッと振ったり、股間に巻き込む
- 白目をむく
- 手綱を引っ張る
- 背を緊張させる
- 四肢(脚)を踏みならす
- 蹴る
- 咬みつく
- 頭を振る
- 鼻孔を広げ鼻を鳴らす
- 落ち着きなくそわそわしたり、後ずさりしたりする

満足のサイン
- 耳を前に向けたり、前後に軽く動かしたりする
- 尾を軽く振る
- 人なつこい目をする
- 力が抜けて背が柔らかくなる
- リラックスした歩様※
- 柔らかく鋭敏な口唇
- 落ちついてはいるが機敏な様子
- 乗り手の扶助に答える

▶**楽しそうな馬と乗り手**。馬は尾をリラックスさせ、ゆったり歩いています。耳は乗り手に向けたり、周りの様子を知るためにときどき動かしたりしています。

Point 決して馬を叱ってはいけません。何かの折に過去のトラウマが不安を呼び起こしてしまうかもしれません。馬はめったに「悪い子」になりません。悪い子になるにはそれなりの理由があるのです。

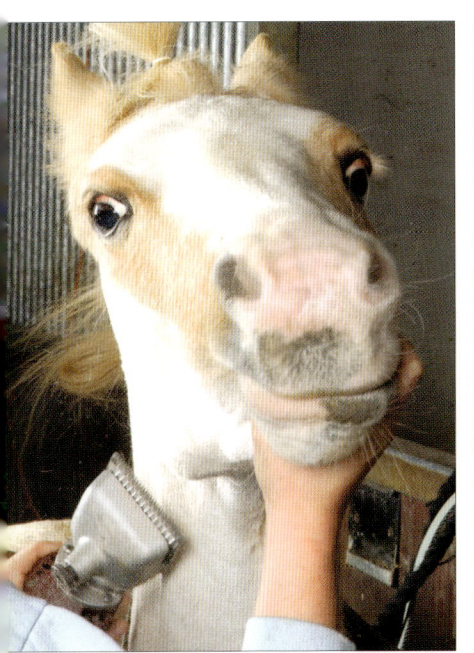

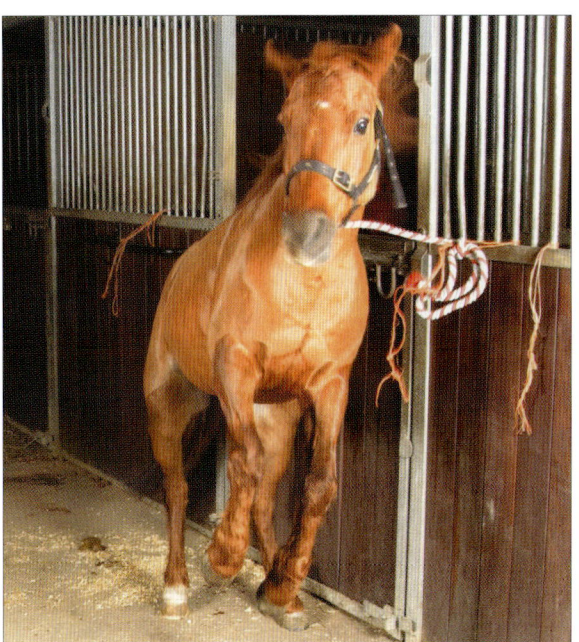

◀◀◀ **馬は反抗的になっています**が、理由がなく言うことをきかないのではありません。仲間から離れるのが不安で怖がっているのです（ナッピング）。

◀◀ このように**白目をむくのは**恐怖や不快のサインです。電動バリカンの音と振動におびえているのです。

◀ つながれて拘束されているために苦痛を感じています。恐怖を感じたら逃げるのが馬の自然な欲求ですが、つながれていると走れないのでいらいらしています。

◀ **元気いっぱいな様子**から、この馬が幸せなことがわかります。

▲ 愛と思いやりを示せば、真の友達になれます。

第4章

馬に近づく

　馬にあいさつをするときには、声をかけながらゆっくり近づきます。腕を伸ばしながら馬の肩の方向に歩いたら、手の甲を差し出してにおいをかがせましょう。びっくりして後ずさりさせないように、腕を振るのはやめましょう。

　絶対に後ろから馬に近づいてはいけません。後躯に近づいたり、お尻をたたいたりすることもだめです。あなたの姿が見えないと、驚いて蹴られるかもしれませんよ！

友達になろう

　馬はいつも機嫌が良いとは限りません。でも、好ましくない行動や明らかに不快そうな様子が続くときは、誰かに相談して原因を調べましょう。もしかするとハミが下に引っぱられ過ぎているのか、あるいは鼻革がきついのかもしれません。歯が尖っていたり、割れたりすることもよくあります。腹帯擦過傷(はらおびさっかしょう)(腹帯を装着する部分に汗やこすれによってできる痛みのある腫れ)ができているかもしれません。もしかしたらあなたの扶助があいまいで、馬を混乱させているのかもしれません。

　うまくいかない場合に頭に血がのぼったりすると、馬のせいにしがちです。そのせいで荒っぽい扶助を出してしまうことも…。そんなときは、数回深呼吸をして、「冷静に」と心の中で唱え、馬の機嫌を直すために頸を愛撫(あいぶ)(やさしくたたく)してあげましょう。

▶馬の頸を**愛撫しながら話しかける**と、馬を落ち着かせることができます。軽くたたくのであって、**ひっぱたいてはいけません**よ！

▶▶腹帯擦過傷の場合は、簡単なチェックをすれば馬が不機嫌な理由がはっきりします。

馬の気持ちを理解する

Point 馬の手入れや愛撫をするときに、どこを触ると馬が喜ぶのかがわかります。馬は口でそうした部位を触ったりさすったりします。今度はあなたが手で触ってあげましょう。

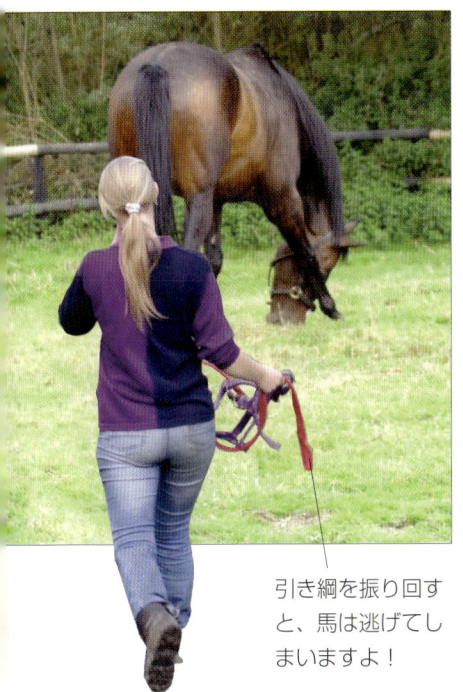

引き綱を振り回すと、馬は逃げてしまいますよ！

◀**優しくすれば**、ずっと友達でいられます。鼻に息を吹きかけてみましょう。馬にあなたのにおいをかがせるよいやりかたです。

◀◀**横から**馬に近づきましょう。自信を持って歩きますが、腕と目線は下げましょう。こうすると馬の言葉で「見て、わたしは友達よ」と伝えることができます。

▼馬がお互いにグルーミングをしているのは、仲間同士**信頼**していることを表しています。馬を観察することで、馬たちと同じように、より上手にコミュニケーションをとることができるようになります。

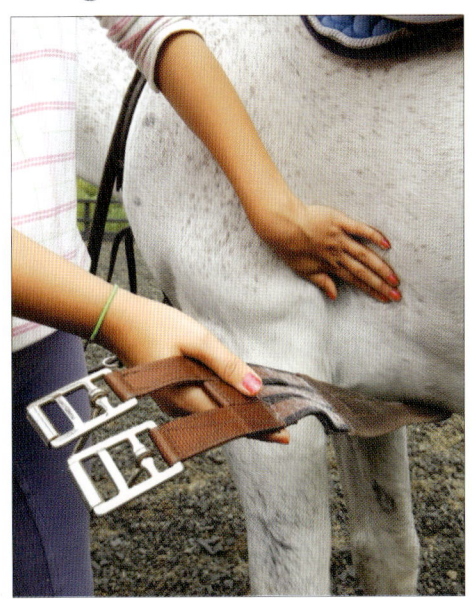

第5章

効果的な扶助

　扶助とは馬とのコミュニケーション手段をいいます。手綱を優しく引いたり脚を軽く使って、馬にささやくように指示を出すこともできますし、蹴ったり引っ張ったりして怒鳴るように合図することもできます。良い乗り手は、いつもガミガミいったり威圧しなくても、はっきりと馬に理解してもらえるような扶助を身につけています。

通常の扶助

　通常の扶助とは、わたしたちが生まれながらに持っている声、拳、騎座、脚を利用する扶助のことを指します。

声

　声を使うことは、さまざまな場面で助けとなります。多くの馬は調馬索※（長い平織りのロープ）を使って調教されます。このとき「速歩」とか「止まれ」といった声による命令を学びます。ですから、馬たちに同じ言葉で命令すると効果があるのです。特に乗り手の脚や拳の扶助があいまいでも、馴れている言葉なら指示を理解することができます！

　馬の気持ちを盛り上げて、もっと速い歩調や、推進にはずみをつけたいなら、声を高くしてテンポを上げて「速歩！」と命令します。馬のスピードを落とさせるときや、不機嫌でいうことをきかない馬をなだめる場合は、おおげさに低い調子でゆっくりと「ドウドウ」と声をかけます。

拳

　拳はびっくりするほど自由がきく鋭敏な部位です。あなたの拳は手綱を介して、手と同じくらい優れた感覚器官である馬の口と結ばれています。手綱を通じて馬と心を通わせることはとても重要です。それぞれの拳を別々に動かすことも大事ですが、1本1本の指を閉じたり開いたりして手綱の緊張を変化させることもできます。馬は動くときに頸を前方に伸ばして長くしたり、歩調に合わせて頸を上げ下げしたりします。この動きに合わせて、拳をかすかに前後に動かすことが重要です。口を引っ張ると馬が痛みをさけようとして頸を緊張させて硬くしてしまいます。

▶**強く蹴らないで！**
最初はやさしく静かな扶助を出しましょう。馬が答えないようであれば、徐々に強くしていきます。

▼**良い乗り手は**馬の動きに拳をうまく合わせることができます。常歩の場合、馬の頸の屈伸に合わせて拳を前後に動かします。

> **Point** 馬は、乗り手が何もしないときは、自分が正しい動きをしているとわかっています。脚や拳で余計なことをしないでください。馬が正しいことをしているときは、あなたがじっとしているのが一番のごほうびです。

声 自分の声の調子を変えれば、馬をおとなしくさせることも、はげますこともできます。

騎座を浅くしたり深くしたりすることで、馬に背を上げさせたり、推進させたりすることができます。逆に推進を抑えることもできます。

重心 体重全体の中心部で、前後に動かすだけでなく左右方向にも動かします。

拳は軽く柔軟に構え、ハミに指示を伝えます。抑えつけるのではなく、手の特性である鋭敏さを生かす必要があります。

▶明確な指示で馬に正しい反応をさせることができれば、**馬と乗り手のハーモニー**が生まれます。馬は本当はあなたを喜ばせたいのです！

脚 馬の体に密着させ、明確に指示を出します。指示を出さないときは、動かさないようにします。

▲調馬索運動※のときでも、騎乗しているときでも、**声による命令**は意思疎通の手段になります。

第5章

重心／騎座

　騎座とは、鞍に対して乗り手が体重をかけている状態のことを指します。たとえば騎座を浅く※したいときは、自分の体重の大部分を背骨から尻、脚を通して鐙にかけます。反対に、脚にかける体重を軽くして、上半身の体重をお尻から鞍に直接かけると騎座を深くできます。両方とも馬を微妙に制御するときに使われます。馬のバランスを変えるつもりがないなら、鞍の中央に座っていることが重要です。

横への動き
　誰かを両肩に背負って運ぶことを想像してみてください。背に乗った人が右肩に体重をかけたら、自分も右側に動いて体重を真下で受けなければ、バランスを失って倒れてしまう危険があるでしょう。同様に、自分の全体重を右側の座骨にかけたら、馬は右側が重くなり真下で体重を受けようとします。つまり、右側に体重をかけることは「右方向に行くように」と命じていることになるのです。

前方への動き
　わずかに体を後ろに倒し体重を座骨に均等にかけるようにして押すと、歩調を早めるよう促すことができます。

後方への動き
　手綱を引いて馬を後退させるときは、馬が背を丸めて後ろに下がれるよう、騎座を浅くすることが重要です。

実験
　四つん這いになって誰かに背中に乗ってもらいましょう。そして前に数歩進みます。次に左右どちらか片方に体重をかけてもらい、その違いを感じてみましょう。体重が不均等にかかった場合、釣り合いをとるためにどう動くのか覚えておきましょう。

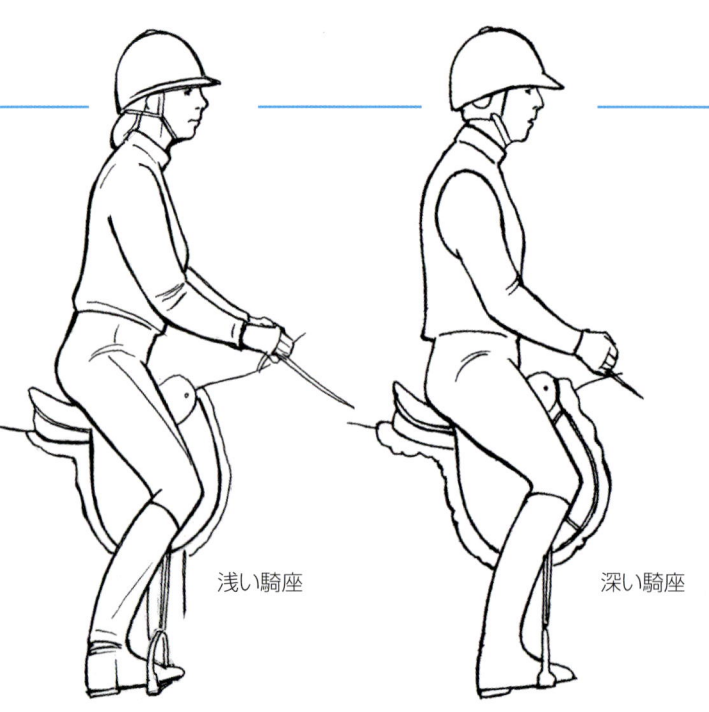

浅い騎座　　　深い騎座

▲浅い騎座にすれば、障害を越えるときや、後退するときに、馬が背を丸めやすくなります。**騎座を深くすると自由度や動きを抑制します**。

▲馬の気持ちを感じてみましょう。乗り手の位置で自分自身のバランスがどのように左右されるでしょうか？

効果的な扶助

尾てい骨を後ろに傾け、背と太ももで前方に力を向かわせます。

姿勢をまっすぐにして座骨の中央で座ることで、馬を収縮させます。

▲**バランスのとれた騎座**：柔軟な腰と背で乗れば、馬を自由に動かすことができます。

▶**少しでも傾いていると**、筋肉のアンバランス、挫傷、筋肉痛などの問題が生じます。

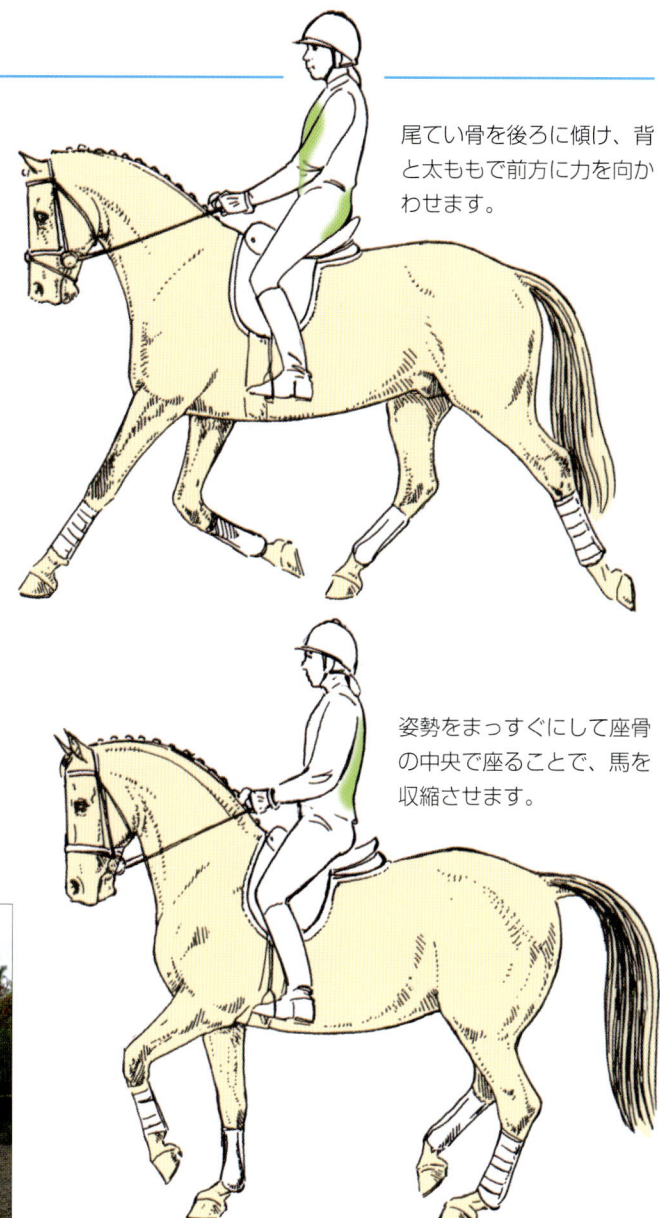

▲上の図は、あなたの重心が馬の方向性と速度にどのくらい影響を与えるか示したものです。経験豊富な馬場馬術の選手の動きを観察したり話を聞いたりすれば、馬とのコミュニケーション技術をたくさん学ぶことができますよ。

第5章

脚
きゃく

　鞍にしっかりつかまろうとして、膝で強く締めつけてはいけません。そうすると柔軟性が失われて、馬をもっと跳ね回らせることになります。乗り手の脚は、膝をリラックスさせ、膝下を自由に動かせるためのショックアブソーバー(緩衝材)の役割を果たしています。膝をリラックスさせて乗った方が、鞍上が安全になります。また、馬と息を合わせて膝下を動かすことで、効果的に馬を誘導することができるでしょう。もし馬がものおじするようなら、鐙に体重をかけ、前のめりにならないようにバランスを保ちながら鐙を踏み下げましょう。

　馬にあなたの脚の位置と圧迫を感じさせ、脚による扶助の意味を理解させることが重要です。反対に、乗り手のでたらめなキックを受けた馬は混乱し、脚による扶助は意味をなさなくなり、ただ単に馬をいらいらさせるだけになってしまいます。

両方の脚を同時に締める　この扶助は馬を前進させようと思ったときに使います。

片脚だけ締める　締めた脚の反対側に馬を動かそうとするときに使います。

扶助の併用　脚の扶助は他の扶助、すなわち拳や騎座と一緒に使うと、より効果を発揮します。たとえば後退の扶助では、両脚を絞って馬に「進め」という指示を出しますが、同時に手綱を引いて前方への動きを妨げ、騎座を浅くすることで、エネルギーを後方に向かわせます。

副扶助
　副扶助とは、乗り手の指示を明確にするために、通常の扶助の補助手段として工夫されたものです。副扶助として鞭と拍車が挙げられますが、どちらも上級者が使うためのものです。鞭は脚による扶助の補助手段で、帯径のあたりで使われます。乗り手にしつこく指示され続けて鈍感になっている馬には、一打の鞭が有効なこともあります。拍車は上級者が使うもので、見ている人にはほとんど気づかれないくらい軽く使います。見学会で、ダミーの拍車をつけていることがありますが、これは実際には使うことはなく、そういうものがあることを見せているだけです。

ひとこと　扶助は、馬に特定の動きを命じたり、動きを変えたりするときに行うものです。あなたが望む動きを馬がしてくれたときは、鞍の上でじっとしていましょう。それが馬にとっての最上のごほうびです。手綱をもてあそんだり、脚を使ったりしてはいけません。必要なときだけ扶助を使い、馬が指示通りの動きをしたら、すぐにプレッシャーを解きます。くどい乗り手は、馬を鈍感にさせてしまいます。

上手な乗り手になるには
　馬を理解し、乗る馬それぞれの個性を尊重して接しましょう。インストラクターの言うことを注意深く聞き、わからないことは質問しましょう。また、

◀ヤッホー！　荒々しい脚の動き。このロデオの馬は本当に空を飛んでいるよう！

効果的な扶助

Point 最も弱い扶助から始めましょう。馬が反応しなければ、扶助を強めていきます。まずはお願いし、語りかけ、それでもだめなら命令します。

その裏にある理屈を理解しましょう。例えば、頭部を上げさせるためには、手綱を引っ張るより脚を絞る方がいいのはなぜなのかといったことです。理屈を知れば、馬の動きを理解できる本当の良い乗り手になれます。

▶**扶助は正確に**出します。脚を使って帯径の上を刺激する場合、屈曲や横方向への動作のために後躯をコントロールするときには帯径の**すぐ後ろ**を、また駈歩での手前変換（手前肢を変えること。P44, 46参照）では帯径の**ずっと後ろ**を刺激します。

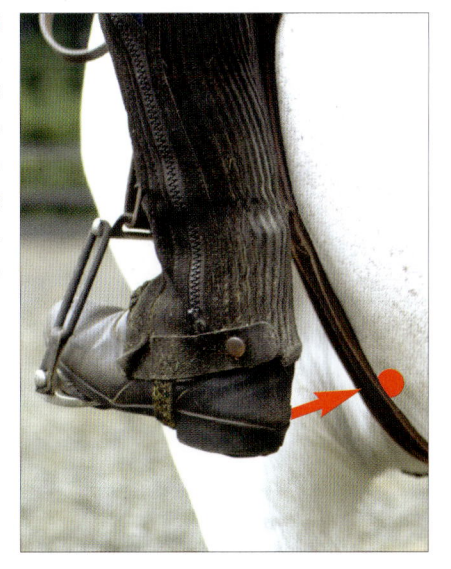

◀**脚は力を抜いて**馬に巻きつけるようにします。膝は押しつけず、体の重さが鞍から踵へと抜けるように、膝下の脚もリラックスさせます。そうすれば、それぞれの部位を別々に動かすことができます。

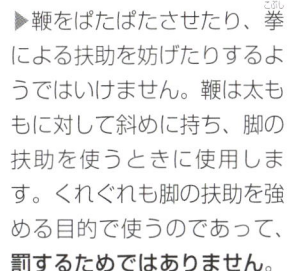

▶鞭をぱたぱたさせたり、拳による扶助を妨げたりするようではいけません。鞭は太ももに対して斜めに持ち、脚の扶助を使うときに使用します。くれぐれも脚の扶助を強める目的で使うのであって、**罰するためではありません**。

第6章

移行

　インストラクターが使う「移行※」という用語は、ある歩法から別の歩法へ変換することを意味します。「**上方への移行**」とはペースを速くすることをいい、たとえば停止から常歩へ、常歩から速歩へ、速歩から駈歩へ変換することを指します。停止や常歩から駈歩を出すことも可能です。

　反対に「**下方への移行**」とは、スピードを落とすことを意味します。たとえば駈歩から速歩へ、速歩から常歩へといった具合です。

▲ペースを速くするときには拳をゆずり（手綱に余裕を持たせる）、ペースを落とすときには動きを抑えて拳を控えます。

　上手な乗り手の目標は、加速でも減速でも、1つの歩法が次の歩法に流れるように、なめらかに移行することにあります。減速するときには、前方に出ようとする動きを抑制する扶助が必要となります。この場合は拳を控えます※。その結果、手綱が馬の動きを抑制することになります。

　減速する場合は、馬の脇腹との接触を保つことが重要で、脚をわずかに締めながら、拳で前方への動きを抑制します。推進力（パワー）は、前に向かおうとする後肢からもたらされますが、前進を抑えるために拳を控えると手綱に連結したハミで力が受け止められ、馬はスムースに減速します。脚を使わずに、単に手綱を引いただけでは、馬はあなたの拳に引っ張られたようになり、あなたと馬との引っ張り合

▲減速するときには、必ず脚と拳を使います。単に手綱を引っ張るだけではいけません！

いになってしまいますよ！

停止から常歩へ

　まず馬をじっと立たせ、落ち着かせます。でも、眠らせてしまってはいけませんよ！　発進させる前に、あなたがまさに今、何をさせようとしているのかが馬にわかるように、手綱でコンタクト※をとります。帯径の後ろを両方の踵で圧迫します。馬が1歩前に出ようとするのを感じたら、頭を伸ばせるように、すぐに拳をわずかに前に動かします。正しい扶助が与えられれば、馬は自由に常歩へ移行します。馬が歩いたら、その動きを感じとり、騎座と拳をリラックスさせ、馬の動きについていきます。

目標：馬が馬場を歩いているとき、それぞれの肢がどのように動いているのか感じ取りましょう。

| Point | 半減却(p88参照)は、馬の注意を自分自身の歩調に向けさせるのに、もってこいの運動といえます。この運動は、正確な移行の動作につながります。

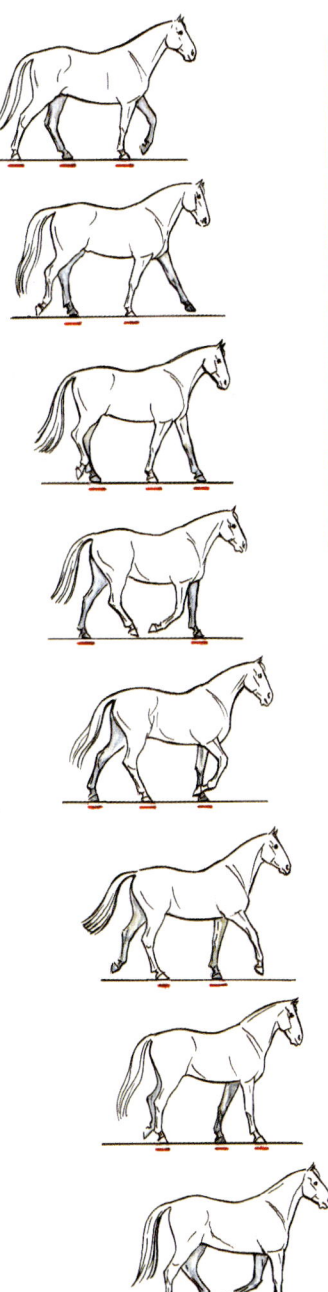

馬が動こうとしないときは？

もしかしたら

馬がおっとりしすぎているか、脚による扶助に鈍感なのかもしれません。「常歩」と声をかけながら、脚による扶助をもっと強く使いましょう。

または

馬は、あなたが何をさせたがっているのかわからないため、混乱しているのかもしれません。手綱が短すぎないか、前に歩き出そうとするのを抑えていないか確認してください。

◀ **馬が機敏でないとき**は、どこかに痛みがあったり、太りすぎていたり、馬具が合っていなかったりするのかもしれません。脚の扶助で急き立てる前に、その原因を考えましょう。馬がじっと立っているときは、片方の手綱を引いて1本の肢を中心にして小さく旋回させてみましょう。これだけで馬にバランスを取り戻させたり、肢の動きを滑らかにさせたりすることがよくありますよ！

◀常歩は4ビートです。この図からわかるように肢は右後ろ、右前、左後ろ、左前の順に着地します。

▲拳を前後させることと、腰の動きを自由にしておくことで、馬の動きに対応することができます。また拳と騎座で抑えると、歩幅を短くすることができます。

▲駐立状態から常歩を出すには、まず手綱を構え、両方の脚を締め、速やかに手綱にかけた指を使って前進を促します。

第6章

常歩から速歩へ

　常歩ができたら、今度は騎座を深くして、両脚を締めましょう。何の反応もなければ帯径の後ろを両方の踵で2回軽く蹴りましょう。踵を押し下げれば、あなたの体重は前にかかります。加速するとき、拳で手綱をゆずることを思い出しましょう。ただし速歩になると馬体が常歩のときよりコンパクトになるので、手綱を短く持ち直す必要があります。

　おそらく速歩はマスターするのが一番難しいでしょう。2ビートの歩法ですが、短く詰めた歩幅の速歩（収縮※）と長く伸ばした速歩（伸長※）とでは、乗り心地が全く異なります。たぶんこの2種類の速歩の中間の尋常速歩を学ぶことになりますが、この速歩は馬が自然に示す歩様です。

軽速歩

　速歩は反動が大きいので、最初は鞍の上で不安を感じるでしょう。でも、速歩のリズムに合わせて立ち上がることを学べば快適に乗ることができます。それだけでなく、背中の上でぽんぽんはずんでいるあなたの体重に耐えなくて済むので、馬の疲労も軽減されます。

正反動

　座ったまま速歩をさせるには、速度をゆるめ、鞍に深く座る必要があります。身体の緊張をとき、反動に身をまかせます。腹筋の緊張をとけば、馬の動きについていくことができます。

速歩での手前変換

　軽速歩をしているときは、いつでも自分が右軽速歩をしているのか左軽速歩をしているのかを意識する必要があります。円を描いて動いているとき、カーブの外側の前肢が後方に動くときに腰を下げます。

　速歩で8字乗りをしているときには、方向変換のたびに手前を替える必要があります。普通、馬場の中央のポイントで手前変換をします（P56の図参照）。単に1拍分続けて腰を落とすだけで、再び立ったり座ったりを繰り返します。カーブの外側の肢が戻るのに合わせて、自分の腰を落としているがどうか、肢下を見て確認します。

移行

Point 手前変換するたびに鞭を持つ手を変えることを忘れないでください。鞭はいつもカーブの内側の手に持ち、膝の上にぴたりと置きます。

▶速歩は2ビートの歩法で、対角線上の肢がペアで動きます。

▼軽速歩は、馬も乗り手も疲れさせません。正反動（写真下）では、乗り手は腰と背中をリラックスさせ、馬の動きに合わせて体をゆらします。

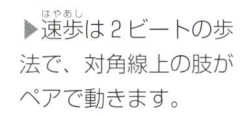

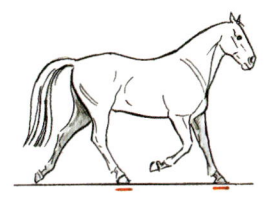

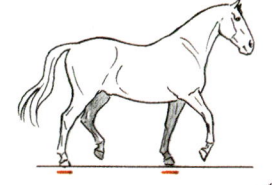

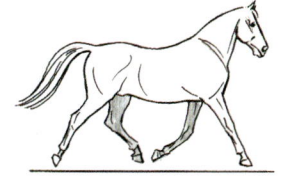

▲軽速歩で馬場の対角線を走行しているとき、中央のＸ地点で手前変換することを忘れてはいけません。新たに外側になった馬の肩が乗り手の方に動く時に、自分の腰が下がっている必要があります。

第6章

駈歩
（かけあし）

　駈歩は、まず四肢のうち1本の肢が着地し、次に対角線上の2肢、最後に残りの1肢が着地する3ビートの歩法です。次の1完歩が始まる前に、四肢全てが地面からはなれる瞬間があります。駈歩で馬場をカーブしたり、円を描いて走ったりするとき、円の内側の前肢が手前肢になっている必要があります。つまり、内側の肩と前肢が、もう一方の前肢よりも前に伸展するのです。ほかの人が馬に乗っているのを見れば、当然このことに気づくでしょう。馬上にいるときはちらっと見下ろせば、馬が正しい手前で走行しているかどうか確認できます。でも、そのうちに正しいかどうかをいちいち確かめなくてもわかるようになります。

▲背筋を伸ばし、進行方向を向きます。生き生きとした確かな速歩なら、駈歩にスムーズに移行します。

駈歩のための扶助
　最初は、力強くしっかりしたリズムの速歩（はやあし）で始めます。馬を急かしてはいけません。

右駈歩
1. 背筋を伸ばして深く腰かけます（すでに経験している軽速歩（けいはやあし）のときのように座ります）。
2. 駈歩で行こうとする方向を決めます。そして、今から指示を与えることを馬に知らせるために手綱を少し引き、次にその手綱をゆるめます。
3. 帯径（おびみち）の後ろに自分の外側（左側）の脚（きゃく）をもっていき圧迫すると同時に、右の脚でも帯径のあたりを圧迫します。
4. 馬場のコーナーまで馬を誘導したら、内側の脚の圧をかけたまま馬に旋回するよう促します。馬が減速して速歩に戻りそうになったら外側の脚を締め続けます。
5. 良好なリズムの駈歩になったら、馬の手前肢が正しいかどうかチェックしましょう。もしまちがっていたら速歩に戻し、ふたたび次のコーナーに向かいます。

速歩へ落とす移行では、手綱を引き（特に外側）、馬の動きを抑制するために背筋を伸ばすと同時に腰を落とします。

▼この図は左手前の駈歩の扶助を示しています。

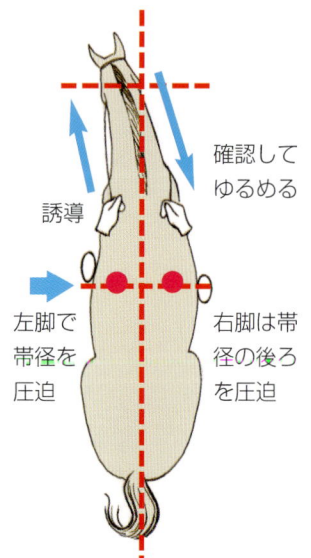

誘導　確認してゆるめる
左脚で帯径を圧迫　右脚は帯径の後ろを圧迫

▼左右どちらの方向の駈歩でも、正しい手前なら内側の肩が前にくるように見えます。

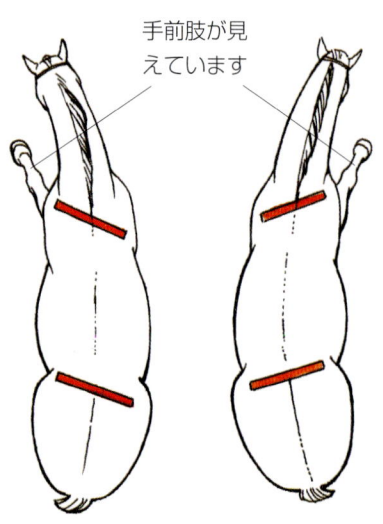

手前肢が見えています

移行

Point 手綱をかなり短めに持ち、背筋を伸ばします。前傾したり手綱がゆるんでいたりすると、馬は駈歩にならず、ただ速歩でどんどん加速するだけです。その場合は非常に乗り心地が悪くなります。

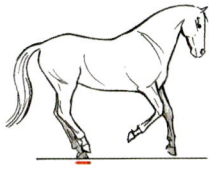

▶速度をコントロールすることで、リズミカルでより快適な駈歩となります。

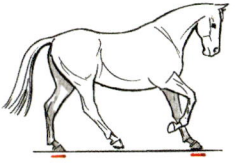

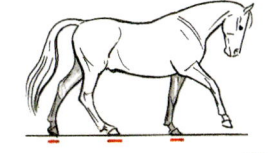

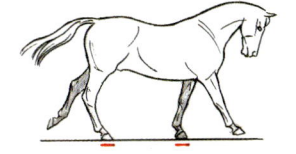

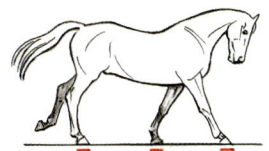

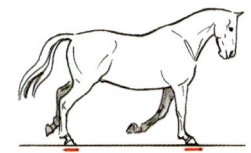

▶駈歩は明確な3ビートの歩法で、まず1本の後肢が着地し、次にもう1本の後肢と前肢が、最後に手前前肢が着地します。

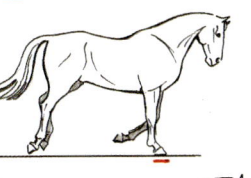

第6章

ウエスタン・スタイルの乗馬

　ウエスタン・スタイルにおける馬の調教の目標は、急停止や急な方向転換など機敏で素早い動きができるようにすることです。

　ブリティッシュ・スタイルでは手綱を両方の拳でかなり短くして持ちますが、ウエスタン・スタイルでは、馬に自由で自発的な動作を促すということもあり、アウトライン※は伸びた感じになります。また左右の手綱を片方の手で持ちます。曲がるときにはネック・レイニング※という技術を使います。これは、左に行くためには左に拳を動かすというものです。馬は右の手綱で自分の頸がこすられるのを感じ、それを避けようとして左に進みます。手綱はハミからだらりとぶらさがっているように見えますが、手綱からのわずかな刺激は伝わっており、動きが増すとハミに刺激が加わります。ブリティッシュ・スタイルで調教された馬はこれを勘違いして、右頸に刺激を感じると、ほとんど確実に右に行ってしまいます！

前進する　ふくらはぎで馬体を圧迫し、手綱は自由にしておきます。馬が反応したら、すぐに脚はゆるめます。

停止と減速　馬は「ウォウ」という声による命令に反応するよう調教されています。乗り手は拳を持ち上げ、手綱を自分のみぞおちのあたりまで引き上げます。背筋を伸ばし、座骨を押し下げます。

旋回　行きたい方向を向き、その方向に手綱を持つ手を動かします。馬に前進を促すために、進行方向に体重を移動します。外側の脚で明確な指示を与え、圧迫し続けます。

常歩　ウエスタン・スタイルで調教された馬は自然な歩様で歩幅が広く、ブリティッシュ・スタイルのような手綱のコンタクトで動きが抑制されるということはありません。乗り手はリラックスし、鐙を長くして自由に脚をゆらし、馬の動きに合わせます。

ジョグ※　ジョグはウエスタン・スタイルでの速歩と言えます。とても快適で、座ったままでいられるゆっくりした歩様です。これを速歩に加速することもできます。ただしウエスタン・スタイルの鞍では速歩のスピードにまで上げるのはやや難しく、鐙を押し下げて鞍にかかる体重を減らす必要があります。ほとんど立ち上がってしまえば、ごつごつしたゆれを感じずに済みます。

ロウプ※　これはゆっくりした収縮姿勢の駈歩に匹敵しますが、上方への動きはさほどではありません。扶助は駈歩で使うときと同じです。手綱を使って馬の頭部を内側に向けておき、外側の脚でシンチの後ろを圧迫します。乗り手は上半身と脚をリラックスさせ、馬の動きに合わせます。

移行

Point ブリティッシュ馬術でもウエスタン馬術でも、見ている人が乗り手の合図に気づかず馬の反応だけが見えるくらいの、かすかな扶助が目標です!!

◀ただ楽しむために、家の敷地内や野外で馬に乗っている人も、自分の乗馬技術を披露できる競技会に参加してみては？ 写真はウエスタン馬術での常歩(なみあし)です。

▶ネック・レイニングでは、馬が頸にかかる手綱のわずかな重みを避けようとして動きます。ハミへの直接的なコンタクトを介してはいません!!

▼「ウォウ」。手綱をみぞおちの前で持ち、深く座って停まるよう声を出します。馬が反応したら手綱をゆるめます。

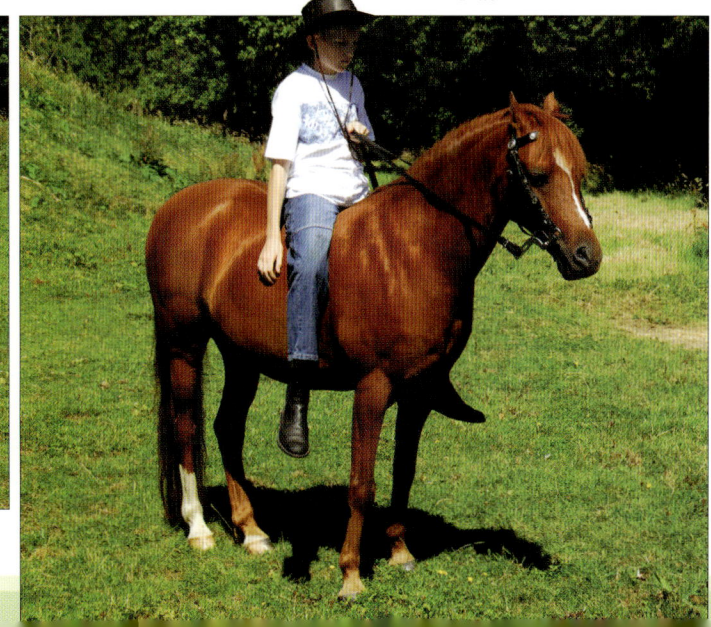

第6章

ウエスタン馬術競技の種目

　ウエスタン・スタイルの乗馬を楽しんでいて、チャレンジするのが好きな人なら、ウエスタン馬術の競技会に出てみませんか？　レイニングは、オリンピックの馬術競技に含まれるくらいハイレベルな競技です。

ウエスタン・ホースマンシップ
　この種目は乗馬技術が評価の対象なので、鞍上での姿勢と扶助の正しい使い方が重要となります。乗り手は常歩、速歩、ロウプそれぞれの歩法での運動を1人ずつ行います。特に、ロウプでの動きが正確であることがとても重要です。決勝では、集団で演技をして勝者が決定されます。

ウエスタン・プレジャー
　ウエスタン・プレジャーでは、常歩、ジョグ、ロウプの各歩法において、あらかじめ決められたポイントで歩法を

▲スライディング・ストップはレイニングで行われる運動で、駆歩から砂埃を立てて急停止するというものです。

変換したり手前変換することが求められます。この演技では乗り手と馬とのコンビネーション能力が審査されます。動きのなめらかさと正確さが必須で、一対のコーンの中央で的確に上手に歩法を変えたかどうかで採点されます。

レイニング
　レイニングは、スピードや忠誠心など、牧場で働く馬としての多才な能力を披露する種目です。小さく統制のとれた旋回、大きくて速い旋回、駆歩中の手前変

◀最新ファッションがウエスタン・プレジャーの選手には重要です。

▶しつけの良さと見せる技術がショウマンシップでは肝要です。

移行

> **Point** もしあなたの馬が頭絡やハミがどうしても合わないようなら、ボザール・ハッカァモア※（細い革紐で編んだ鼻革のついたハミなしの頭絡）で乗るウエスタン馬術に目標を変更することで、新しい道が開けるかもしれません。

に、一定のパターンの動作を常歩でさせますが、このときに馬の取り扱い技術も審査されます。

バレル・レーシング

この種目は、道具がとても少なくて済むということもあり、人気上昇中です。必要なのは、馬と3個のドラム缶だけ!! ドラム缶を3個置いて三つ葉のクローバーのようなコースをできるだけ速く走るという荒っぽい競技で、ドラム缶にぎりぎりまで接近する正確さと、旋回の技術が必要とされます。

▲全速力のバレル・レーシング!! ドラム缶のすぐ近くで旋回して速度を競います。

換、スライディング・ストップ、そして360度スピンするロール・バックを行います。決められた演技を競うクラスと、音楽に合わせて演技するフリースタイルがあります。

ショウマンシップ

緊張しがちな人には、この種目が最適です。騎乗するかわりに馬を馬場に引いて行き、審査員が手入れと見栄えを審査します。競技者は馬

トレイル

トレイルとは外乗※で遭遇する障害物に対処する技術を審査する競技です。門、丸太、柱などが障害物として置いてあり、くぐり抜けたり乗り越えたり後ろに下がったりして通過する必要があります。騎乗技術は正確か、馬は障害物を嫌がらないか、などが採点の対象となります。

◀トレイルの障害物です。これは「橋」ですが、外乗で遭遇する障害物を想定して設置されています。

第7章

旋回と屈曲

▲オートバイに乗っているみたいにはならないように！ コーナーを回るとき馬が傾くようなら、内側の拳（こぶし）を高く保ちます。

速歩（はやあし）のときは、すべてのことが速く進行します。ですから、決められた位置できちんと円運動ができるように、はっきりとした扶助を出す必要があります。方向変換をするときは自然に滑らかなカーブを描いて、流れるような動きを目指しましょう！

速歩で馬場の短辺（20m）を利用する大きな円を歩く場合、馬場の両辺それぞれに接するコースを通るため、馬場の中心のX地点をイメージして、そこを通過するようにします。一方、10mの円を歩く場合は馬場の片側半分には行かず、センターラインに到着した後はもとのエリアに戻ります。常に馬の柔軟性を保ちながら、両方向の円運動を練習しましょう。

屈曲と円運動のための3箇条：

- 進もうとする方向に顔を向けましょう
- まっすぐに座ります
- 馬の頭は動かさず、あなたの片脚を中心にして馬体全体をバナナのようにしならせます

▶進もうとする方向に自分の顔を向けることで、肩と腰の力が抜け、曲がるときでも直線的な姿勢が保てます。肩と腰の高さを保ちましょう。内側に傾くと体重が偏ってしまい、馬にとっては負担となります。

1. 心の目で あなたが行こうとしているラインを見ましょう。

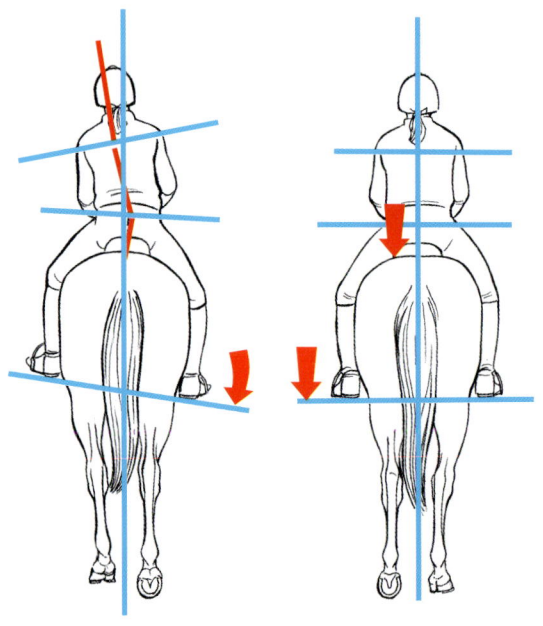

馬は、簡単に乗り手の心を読めるようにはなりません。合図は**はっきりわかるように**出しましょう。もっとも、馬場馬術の課題を乗り手よりよくわかっている馬もいますよ！

2. コントロールは 馬の後躯がふらつかないように帯径（おびみち）の後ろ側に外側の脚をすえます。スピードを制御するためには、外側の手綱を使います。

| Point | 1本の手綱を強引に引っ張って、ぎこちない円運動をさせてはいけません。 |

▶屈曲姿勢をとらせるためには、**コーン、バケツ、ドラム缶**などが大いに役立ちます。友達とスラローム競走をやってみたらいかがですか？

蛇乗り

蛇乗りとは、馬場の端から端まで、普通は3回の旋回を入れて、蛇のようにくねった軌跡を描く乗り方です。AもしくはC側から出発して、その反対側まで行って終了しますが、終了時には出発のときとは反対の方向を向いています。馬場の4分の3はまっすぐ横切り、きれいな半円を描きながら馬場のきわまできて、反対の方向に進みます。距離や歩くラインがわかりやすいように、目印を置いておくとよいかもしれません。

4．手綱を使う
円の内側に馬の頭部を曲げ、外側の手綱はゆるめます。

3．円の内側では
内側の脚で圧迫して速歩を維持します。

第7章

後退を覚えよう

後退

後退はとても役に立つ動きですが、習得は見かけより難しいものです。ここでは後退する方法を学びましょう。

- **まっすぐ停止した姿勢から**始めます。手綱は左右均等に持って軽いコンタクトを保ち、脚は動かさず、騎座、腰、背は柔らかくしておきます。鞍に深く座りこんではいけません。
- **騎座を浅くして**、前方にほんの少しかぶさるようにして、鞍にかかる体重を減らします。こうすると馬の背の負担が軽くなるので、後退の動作をするために背をアーチ型に持ち上げることができます。
- **拳を控え**前方への動きを抑えると同時に、脚を帯径の後ろに軽くあてます。「進む」よう指示されているにもかかわらず、前に行かせてもらえないので、馬はちょっと混乱するかもしれません。
- 「**後方へ**」と念じます。
- **後方への歩みに合わせ**交互に手綱を引きます。
- **馬の後躯が左右にぶれるようなら**、帯径の後ろの一方の脚で馬体がまっすぐになるように調整します。

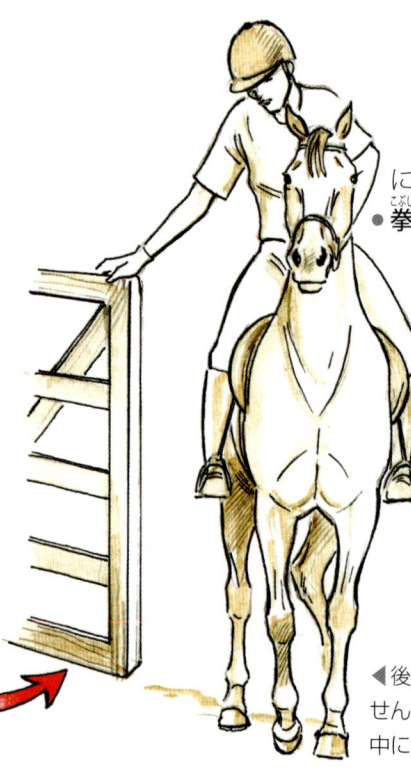

◀後退のような技術は乗馬のレッスン課目には含まれません。ただし、こうした技術を身につけていれば、騎乗中に遭遇する障害物に対処することができます。

1. ポールワークに挑戦してみましょう

地面の上に置かれた横木は、馬が直進できるようサポートします。ポールワークはトレック競技（野外乗馬）の試験として行われるものですが、練習すればすぐにエキスパートになれますよ！ 2本のポールの真ん中を前に進みます。

横木の真ん中の位置を維持します。

2. 停止：頭を上げて肢をそろえます

馬の前蹄が横木の通路をすぎたら停まって3秒間静止します。

旋回と屈曲

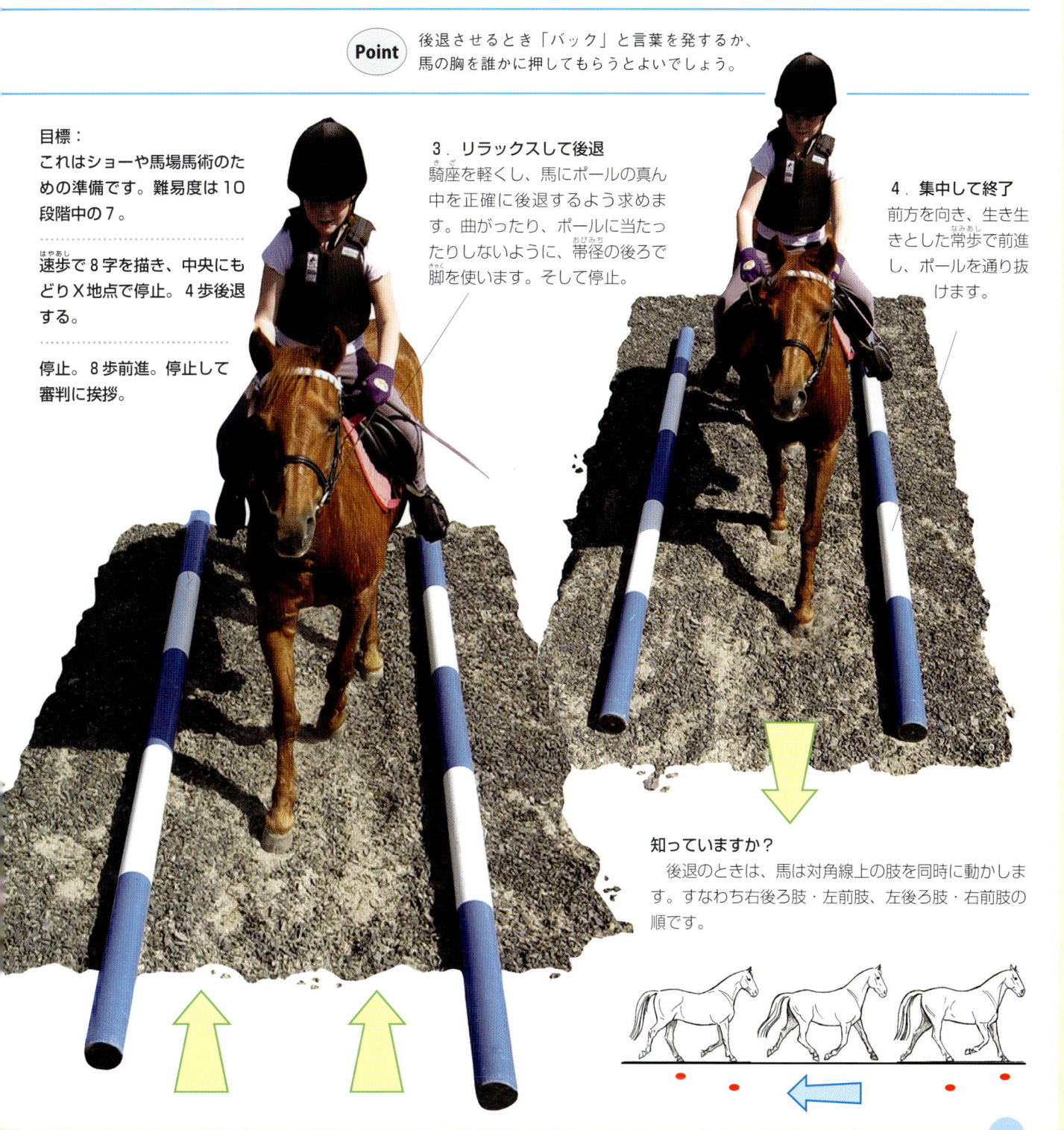

Point 後退させるとき「バック」と言葉を発するか、馬の胸を誰かに押してもらうとよいでしょう。

目標：
これはショーや馬場馬術のための準備です。難易度は10段階中の7。

速歩で8字を描き、中央にもどりX地点で停止。4歩後退する。

停止。8歩前進。停止して審判に挨拶。

3．リラックスして後退
騎座を軽くし、馬にポールの真ん中を正確に後退するよう求めます。曲がったり、ポールに当たったりしないように、帯径の後ろで脚を使います。そして停止。

4．集中して終了
前方を向き、生き生きとした常歩で前進し、ポールを通り抜けます。

知っていますか？
後退のときは、馬は対角線上の肢を同時に動かします。すなわち右後ろ肢・左前肢、左後ろ肢・右前肢の順です。

第7章

馬場

　整地された馬術練習場や馬場がなくとも、ある程度のスペースに目印を置いて区切れば、馬場馬術用の馬場を使うのと同様に乗馬技術を磨くことができます。目印を置くことで、歩法を変換する場所や方向を変える場所が明確となり、実り多い練習をすることができます。またインストラクターとのコミュニケーションもとりやすくなります。さらに、馬場馬術の競技会の予行演習もできます。

　馬場馬術のための馬場には外周に沿って、文字が書かれた目印があります（下図参照）。目印の順番を記憶するには、覚えやすい文章にしてみるのがよいでしょう。よく知られたものでは「All King Edward's Horses Can Manage Big Fences」という覚え方があります。これは20×40mアリーナのA地点から時計回りに読んだ場合の順序です。あるいは「All Kind Elephants Have Cute Mothers, Big Fathers」というのもあります。反時計回りなら、こんなのはどうですか？「A Fine Bay Mare Can Hardly Ever Kick」。

　センターラインの目印を覚えるには、A-D-X-G-Cを順に並べて「All Daddies X (kiss) Grammies Carefully!」と覚えてみましょう。

ひとこと　たとえばM地点で速歩（はやあし）に移るように求められたとします。このとき馬の肩がM地点に来たときにはもう速歩になっていなければならないので、1ないし2完歩手前で扶助を与える必要があります。

目標：ここで紹介したようないろいろなコースを通るように騎乗してみましょう。目印まではまっすぐに行き、きれいな円を描きます。「たまご」型にはならないように！

▶**馬場に置かれた文字**は、歩法や方向を変換する正確なポイントを示しています。より質の高い練習や馬場馬術の予行演習をするのに役立ちます。

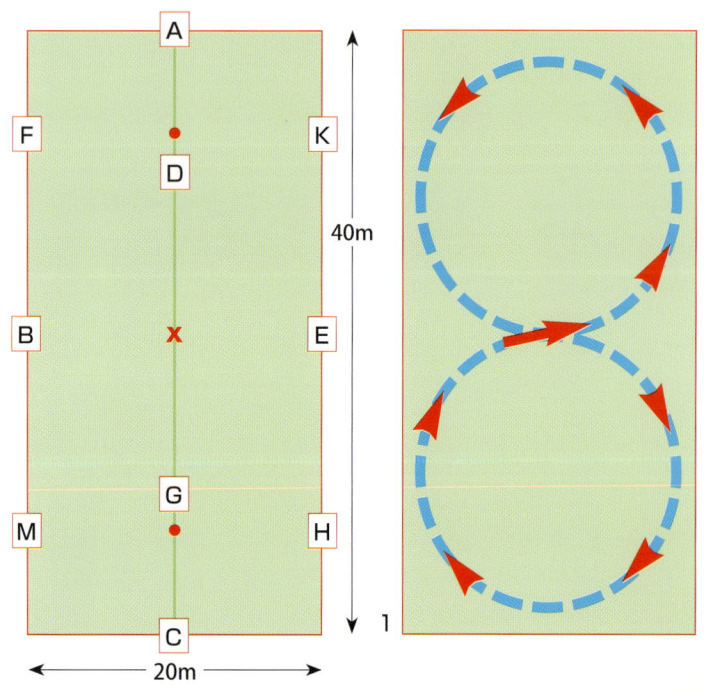

旋回と屈曲

Point 馬が円からはずれそうになったら、内側の拳を高く保ちながら内側の脚で帯径を強く圧迫します。これは、外側に膨れていない場合の方法です。

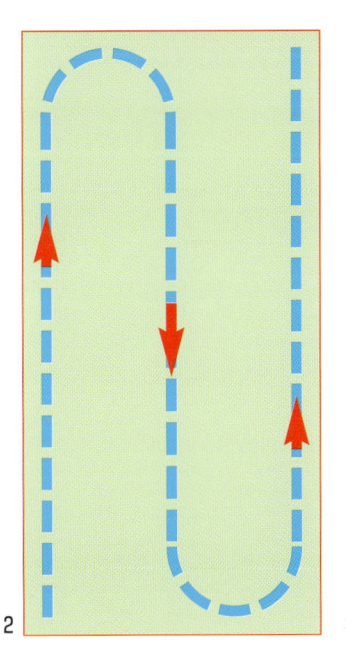

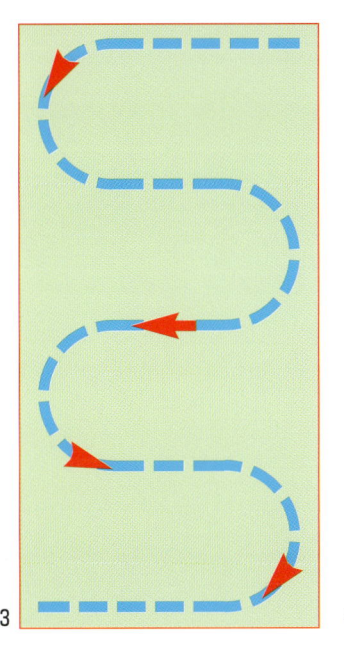

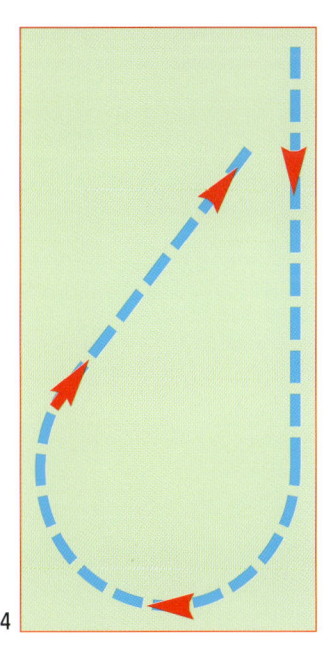

▲**特にグループレッスンの場合**は、各目印の位置で正確な騎乗をしましょう。前の馬にただついて行かせるだけだと、馬に自分で考えさせないような乗り方になってしまいます。

◀**馬場でさまざまなコースを行くのは**楽しい練習です。自分が何をするか正確に決めておき、1つ1つきっちりこなして次の動きに移ります。馬の柔軟性を保ちながら、同じコースを逆方向にも行けるようにしましょう。

第8章

バランスと推進力を改善しよう

　乗馬をはじめた当初、あなたは馬の動きについていくために普段とは違う筋肉を使い、とても不自然に感じたことでしょう。ここでは、鞍上でより安定できるように、バランス感覚を向上させる運動をいくつか紹介します。

手放しでの騎乗

　馬の上で安定を保つために手綱にしがみつくというのは言語道断です。馬の口に強い刺激を与えたり、すりむかせたりしかねません。バランス感覚が向上し、脚の扶助を上達させる練習をして、乗馬技術を磨きましょう。そのための効果的な練習方法が、手放しでの騎乗です。ただし次の2つの理由から、単に手綱を手放すだけというのは危険が伴います。

1. 手綱を、バックルの近くで結び目を作って短くします。そうすれば絡まることはないでしょう。必要に応じて結び目の前をつかむこともできます。
2. 馬に常歩か速歩をさせます。
3. 拳の位置に注意してください。手綱を持っていることをイメージして正しい位置に構えましょう。
4. 不安定なら鞍の前橋をつかんでバランスを取り直しましょう。
5. 馬に方向変換をさせてみましょう。あなたの肩を回し、外側の脚で帯径の手前を後ろ方向に圧迫して馬に指示を出します。
6. 減速したかったら「ドウ」といい、騎座を押し下げます。馬が減速しなければ手綱を持ちましょう。

▲はじめる前に手綱を結んでおきます。

- 手綱がぶら下がっていると、馬が巻きこんだり踏みつけたりしてしまいます
- 馬が自由になったと勘違いし、人を背中に乗せたまま走り出してしまいます

　安全に練習するためには、一定の囲いの中でまず常歩で周回することからはじめるか、調馬索を装着してだれかに持ってもらいます。そうすれば馬が走り出すのを防ぐでしょう。

▲バランスは、特に飛越のときに騎座の安定を保つ鍵となります。経験不足の乗り手は馬の口を痛めるか、騎座からはずれたりしかねません。

> **Point** 速歩を減速するときは、手綱を使わず腰を上げるのを遅くします。馬がすぐにそのリズムに同調するのがわかります。

▲手綱を持たない分、**背筋を伸ばして、膝で締められるくらい脚を伸ばします**。補佐役にはあなたの体の位置に注意してもらいましょう。

◀**わたしを見て！** すぐに自信がつき、バランスを保つのに手綱に頼る必要はなくなるでしょう。

◀◀危なくなったら**前橋をつかん**でも構いませんが、下を向いてはいけません。

第8章

鐙をはずして乗ってみよう

鐙を使うと、足を乗せてバランスを保てますし、馬が物見をして急にとびのいたときでも大丈夫なので、特別な安心感があります。軽速歩のときの助けになったり、飛越の際には鞍から体を持ち上げたりもできます（写真下）。

1. 鐙から足をはずし、両方の鐙を鬐甲の上に交差させてかけておきましょう。こうすれば鐙が馬の脇腹にぶつかったり、巻き込まれずに済みます。
2. 脚をぶらぶらさせます。自分が鞍に深くおさまっているのがわかるでしょう。
3. 踵は下げ、つま先は前に向けておきます。
4. 背すじを伸ばし、目線を上げ遠くを見ます。
5. 常歩か速歩を促します。速歩で体が飛び跳ねるようなら、速度をわずかに落とします。そうすれば乗りやすくなります。
6. 不安定なら、片手で手綱を持ち、もう一方の手で前橋をつかみます。
7. 鞍からはずれそうになっても、膝で馬体を締めつけず、膝下は動かさないようにしましょう。太ももを鞍につけたまま、体を前後に動かし、鞍上で安定するところを探します。その間、扶助を出せるように膝下は自由にしておきます。

ちょっとの練習で軽速歩から駈歩や飛越まで鐙なしでできるようになりますよ！

▲**馬具をつけていない裸馬での騎乗では**、いっそう馬の動きに自分を合わせる必要が生じます。何よりもバランスが重要です。

一方、鐙をはずした乗馬の練習には、馬の動きに対してより注意深くなれるという利点があります。また、鐙に足をかけようとして無理に鐙の長さに合わせる必要がなくなり、脚を自然に伸ばせるので、騎乗する位置が改善されます。

注意：出入り口の柱に引っかかっただけで鐙革は簡単に切れてしまいます。あるいは馬が跳ね上がって鐙がはずれてしまうこともあります。ですから鐙なしで乗る練習は念入りにやっておきましょう。鐙なしで乗れる技術は、あなたが騎乗中にけがをしないために重要です。

バランスと推進力を改善しよう

Point 脚が緊張したり、馬体を締めつけていないことを確認するために、脚を外側に振ってみましょう。体重が座骨の上にどっしりと乗っているのを感じ取ってください。

◀**左右の鐙を交差させて、鞍の前に平らに置きます。** まず右の鐙を、次に左の鐙を置きます。鐙をぶらぶらさせておくと、馬にぶつかりますし、あなたのくるぶしにも当たってしまいます。

▶**自信が持てるまでは、**自ら制御しなくて済むように引き手を持ってもらい、鞍の前橋をつかんで乗ります。

▼**鐙をはずした完璧な騎乗！** 彼女が飛越をしているとき、体重は鞍ではなく膝にかかっています。またバランスが良いため、手綱に頼ってもいません。

第8章

馬上体操

　馬の動きに合わせること、かつ柔軟性を持つことはとても大切です。バランスを上手に保って騎座(きざ)を軽くして乗っていられれば、馬の動きについていけます。あなたが疲れて'ジャガイモの詰まったズダ袋'のように重くのしかかったり、ゆれにまかせて動いたりしてアンバランスになると、あなたも馬も居心地が悪くなってしまいます。

　ここでは、鞍上でのバランスと調和を改善するための体操をいくつか紹介します。
- 世界一周（右①〜④）　● つま先タッチ（下）
- 日光浴と天体観測（右下）
- 上半身のツイスト（次ページ、左下）

▲**左手で自分の右つま先をタッチ**しましょう。左つま先は右手で。

▶**日光浴と天体観測**はとても楽しい体操ですが、必ず誰かに馬を持っていてもらいましょう。

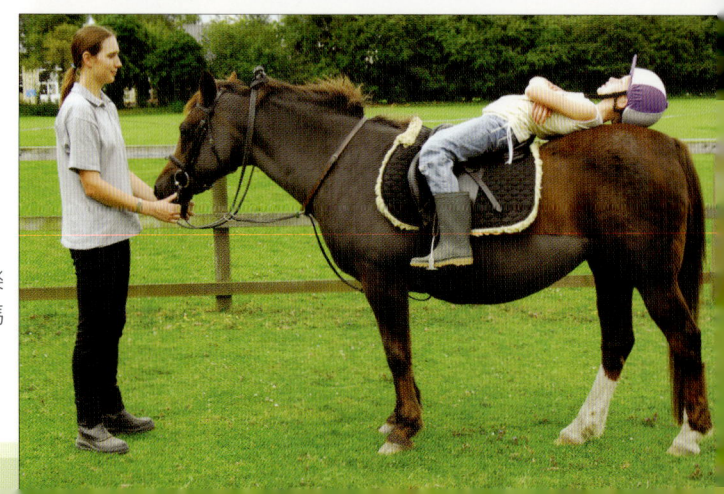

バランスと推進力を改善しよう

Point 馬上で自分が緊張していると感じたら、それぞれの肩を順に回してみましょう。その後、両肩を同時に回します。緊張がとけてリラックスできます。

馬の柔軟体操

馬も筋肉が硬くなります。乗馬の前に時間に余裕があれば以下の運動で馬の筋肉をほぐしてあげましょう。
- 両サイド方向へのニンジン・ストレッチ（下）
- 前肢の間に向けたニンジン・ストレッチ（左下）
- 前肢のストレッチ（右下）

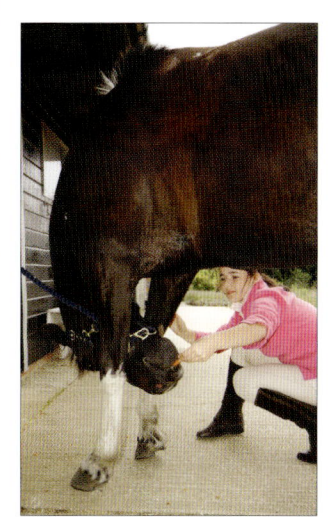

▲世界一周は、馬にまたがり、前向き、横向き、後ろ向き、横向きになり、最後にもとの位置に戻ります。

◀上半身をひねりましょう。両腕を伸ばし左右に振ります。

▲それぞれの前肢を伸ばしましょう。前方に優しくひっぱり腹帯の下にできたしわを伸ばします。装蹄師が仕事をするときに必要な動きの練習にもなります。

第 8 章

横木の重要性
<small>おうぼく</small>

いつも馬場をぐるぐる回っているだけでは、馬も乗り手も退屈します。でも障害物が1つ2つあれば、練習に対して新たな興味や意欲が生まれるものです。横木を地面に並べて練習することで、馬と乗り手は横木を蹴らないでまたぐための歩幅の感覚を会得できます。これは、四肢の挙上を促すと同時に、騎乗技術を改善し、馬の柔軟性の向上にも役立ちます。また、障害飛越を学ぶ第一歩にもなります！

まず1本の横木を常歩で越えることからはじめます。特に、あなたの馬が若くてすぐ恐がるようなら、基本的なことからはじめましょう。馬が横木を見てどのように近づき、どんな行動をとるかをよく観察します。1肢ずつまたいで越えていますか？　まさか蹴ったりはしませんよね？

インストラクターが3～4本の横木を等間隔に、あなたの馬の歩幅に合うように並べます（あるいは何頭かが同時にやるなら、その平均の幅です）。この幅は、平均的な大きさのポニーではだいたい1～1.2mくらいです。

▲**アプローチはとても重要**です。横木の中央を一定のリズムでまっすぐに進みます。

平行に並べた横木をまたぎます

- 馬を正面に向け、横木の中央をまたぎます。
- 下を見ずに、視線を正面に向けます。下を見なくても馬が横木を蹴ったら体で感じますし、音でわかるでしょう！
- 生き生きとした常歩か速歩で、一定のリズムを保ちます。馬が躊躇するようであれば脚で前進を促します。逆に突進しそうになったら拳と騎座の扶助で落ち着かせます。
- 馬が体幹を伸ばして歩幅を広くすることが必要なら、手綱をゆずります。

横木を蹴るドスンという恐ろしげな音を立てずに、なめらかに通過できるようになるまで、両方向から横木をまたぐ練習を続けましょう。練習すれば完璧になりますよ！

▲**馬も乗り手も**レッスンに飽きてきています。横木を使えば両者に新たな興味をもたらしてくれます。

バランスと推進力を改善しよう

Point 馬が背を上げられるように、横木を通過するたびに腰を鞍から少し持ち上げましょう。

▲軽速歩(けいはやあし)で続けます。馬がそれぞれの横木を通過するたびに、体が持ち上がるのを感じましょう。

▲横木を渡りきります。でもすぐにリラックスしてはいけませんよ。次の障害物を越えることを想像しましょう。

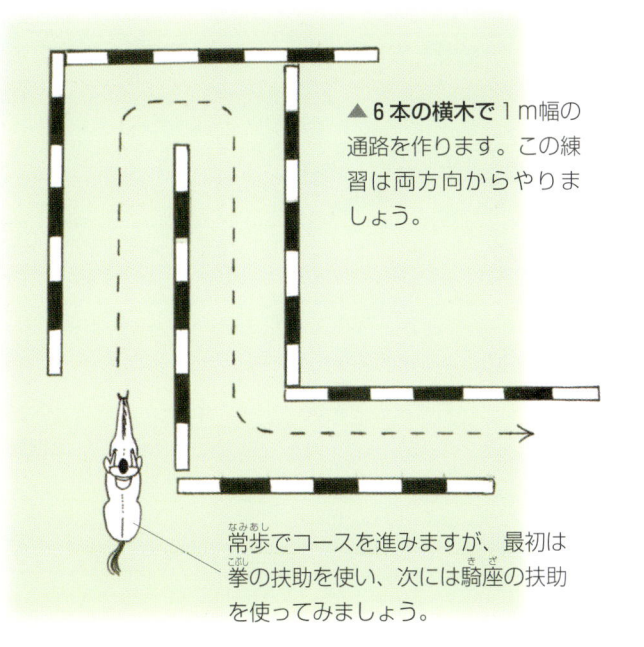

▲6本の横木で1m幅の通路を作ります。この練習は両方向からやりましょう。

常歩(なみあし)でコースを進みますが、最初は拳(こぶし)の扶助を使い、次には騎座(きご)の扶助を使ってみましょう。

▲この乗り手は、たった1本の横木を越えるために馬体を伸ばそうとやや前かがみになってしまっています。

第8章

横木に変化をつける

横木を高くする

　2本の横木を地面からわずかに高くして置いてみましょう。横木をクリアするために、馬はいつもより肢を高く上げる必要があるということがわかるでしょう。馬は後肢と背をより多く働かせる必要がありますが、この動きは後躯の力によっておぎなわれます。この練習は前肢に頼る傾向のある馬にはとても有効で、普通は拳が重く感じられます。高さをつけた横木を越えるときは、関節をより大きく曲げる必要があるので、高齢な馬や関節炎のある馬は、挑戦をためらうかもしれません。馬がぐずぐずしたり、横木に引っかかったり、関節を曲げたときに音が聞こえたりした場合は、獣医師の診察を受けさせましょう。

注意：速歩で行くときは横木と横木の間に十分なスペースをとりましょう。さもないと馬はジャンプして一度で乗り越えようとするかもしれません！

▲**横木の端を交互に高くします。**そうしないと馬は中央を越えず低い方に向かいたがります。前方を見て、脚で馬をまっすぐに保ちましょう。

扇型に置いてみる

　馬場のコーナーに横木を扇型に広げて置きます。外側より内側が狭くなっているので、馬体を縮める位置と、伸長させて歩幅を長くする位置を決めましょう。

駈歩のための横木

　駈歩で横木を越えるとき、駈歩はバランスのとれたリズミカルなものとなり、収縮と推進力の両方を生み出します（コントロールとパワー）。

　速歩のときよりも横木の間隔を広げます。普通の馬では約3.3〜3.6m、ポニーなら少し狭くします。

　かなり速く走行しているので、修正する間もなく次の横木を越えなくてはならないことを頭に入れておきましょう。そのため最初の横木にアプローチ※するときに、歩幅を整えておくことが重要となります。

▲**扇型に置かれた横木**は、外側の広い部分を越えるときは、馬体を伸長させる必要があります。

バランスと推進力を改善しよう

Point 普通のジャンプ用横木でも、特別な学習教材になり得ます。たとえばより柔軟に動く方法を馬に教えることもできます。横木の活用法は想像力次第です！

▲この馬はそれぞれの肢をどこに着地するか考えています。横木への接触を避けるために後肢をどうすべきか、迷っているのがわかるでしょう。

▲上手にまっすぐ横木を通過し終わりましたが、最後の横木をクリアした後も、乗り手は横木の通過で生み出された前進気勢(ぜんしんきせい)を保ったまま進み続ける必要があります。

▲馬も乗り手も、扇の内側の狭いところを進むときは慎重でなくてはなりませんが、同時に推進力も保っておく必要があります。

▲レッスンの一環として駈歩で横木を越えることは、馬がバランスを上手にとり、集中力を維持させる良い方法といえます。

第8章

推進力と収縮を理解しよう

推進力

　推進力とは、前方や上方への動きを生じさせる馬の力のことです。馬が生き生きとした歩様で動いたり、飛越したりするためには、適度な推進力が必要となります。馬によっては、その体型や遺伝的気質から、生まれながらに前進気勢を持っていますが、強い脚や騎座による扶助を使って奮い立たせなくてはならない馬もいます！調教を積んだ馬は、体重オーバーの馬や調教不足の馬より推進力を有しているものです。でも大量の「ロケット燃料」をやらなくてはいけませんよ！

▶馬は前肢で体重の60％を支えていますが、重心を後ろに移動するように教える必要があります。

このライダーは、ただ乗っているだけで、エネルギーを生み出せていません。

調教を積んでいない馬の手綱をたるませることは、エネルギーをムダに逃がしているのと同じです。

エネルギーは脚と拳の間で蓄えられ、馬の踏み込みは深くなります。また、重心は後方に移動します。

収縮

　インストラクターが「馬を収縮させ後躯を深く踏み込ませるように※」と指示することがあります。この指示は、物理的には馬が馬体を縮め、後肢をできるだけ前方で着地させる一方、頭を立て、アーチ型に湾曲させ、頭部を地面と垂直になるようにさせることを意味しています。後肢がパワーを生み出し、手綱がその力を食い止めます。すなわち、パワーを馬を速く動かすことに使うのではなく、ため込むのです。その結果、効果的に馬を収縮できれば、馬は四肢を高く上げるようになります。乗っているとより、ゆっくり、かつ、より大きなはずみを感じるでしょう。

　推進力と収縮が重なることで（つまり前進を促す脚の扶助を拳でとらえることで）、馬のハミ受けをしっかりさせることができます。馬がフラットな感じで鼻を突き出して走る傾向があったり、駈歩に上手に移行できず速歩のままでスピードを上げる傾向があったりするときは、乗り手は推進力と収縮の技術を練習する必要があります。

バランスと推進力を改善しよう

Point 馬場馬術専門の先生に習うことはとてもよいことです。馬が正しい扶助に完璧に応じてくれたとき、「分かった」と感じてゾクゾクすらします。

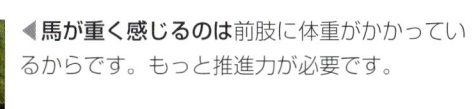

◀ **馬が重く感じるのは**前肢に体重がかかっているからです。もっと推進力が必要です。

▶ **頭部は垂直にします。**突き出させたり内側に引っ込ませたりしてはいけません。

乗り手は静かに座り、正しい扶助を出します。

いかにも鋭敏で反応の良い様子です。上の馬と比べてみましょう。

馬は拳の扶助で頭を下げています。ただし、まだ余裕があります。

表現力豊かな歩様は後躯から生み出されます。

◀ 誰かにあなたの騎乗の様子をビデオに撮ってもらいましょう。そうすれば、自分の技術をインストラクターとともに点検することができますし、批評をあおいだり、褒めてもらえたりします！

第9章

ペアやグループで乗ってみよう

友達と行う乗馬の練習は楽しいものです。でも、馬同士がぶつからないように、歩調を合わせる技術が必要です。

エチケット
- 馬場ですれ違うときは、お互いに自分の左肩側に相手が来るようにすれ違いましょう（写真下）。
- 乗っている馬の正面が他の馬の後ろに近寄りすぎないようにします。さもないと前の馬に蹴られるかもしれません。4分の3馬身から1馬身は離れましょう。

ペアで並んで練習しているときは、それぞれが平行できれいなラインを保っているかどうか、インストラクターに見てもらいましょう。カーブの外側に位置する乗り手は、大きな円を描けるように歩調を速めます。一方、内側の乗り手は、馬を心持ち遅くします。

イギリスではペアとカドリール（人馬4騎で編成）の競技大会がいくつも開催されています。どのチームも、馬の歩様にマッチするように特別に編集した音楽をバックに、テーマに合ったコスチュームを着て、演劇的なパフォーマンスを繰り広げます。

目標：8の字乗りと左右への巻乗りを含んだコースを決めて歩いてみましょう。まずセンターラインを通ってA地点まで2組一緒に行きます。あらかじめ分かれる地点を決めておき、再び出会うまでそこから反対方向に進みます。X地点で終了するときに、会釈を忘れないようにしましょう。

騎乗に合わせて音楽をかけると、練習をより楽しくすることができます。リズミカルでビートのきいた楽曲を探し、そのビートに馬の歩調を合わせてみましょう。馬は私たちと同じように音楽に刺激され高揚します。でも、馬のお気に入りの音楽がわかるようになるには少し時間がかかるかもしれません！

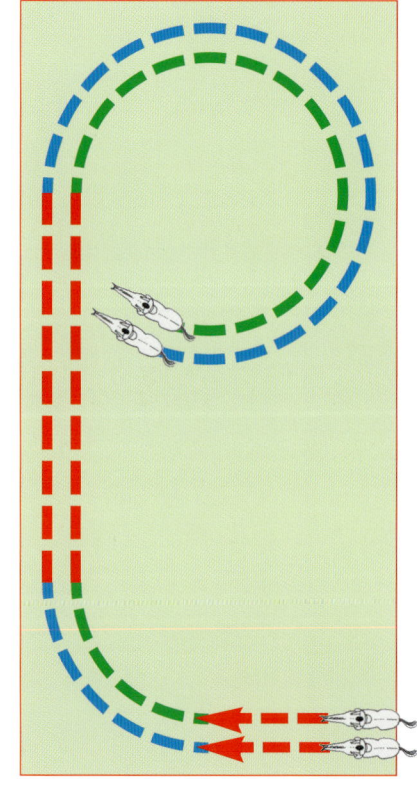

― ― 歩幅を広く
― ― 歩幅を狭く
― ― 歩幅を合わせて

◀コーナーを回るときは、動きを合わせるために、外側の馬は大きく回り、内側の馬は小さく回る必要があります。大きくて歩幅の広い馬を外側にすると、やりやすくなるでしょう。

▶お互いに肩の線をそろえて歩調を加減すると、蹄跡(ていせき)はこの写真のように一致します。

Point こうした課題は軽速歩でやると楽にこなせるようになります。乗り手が腰を上げる動作を速くしたり遅くしたりすることで、軽速歩の速度を調節することができます。

◀一列で行進するときに、前の馬にただついて行かせるだけではいけません。1馬身程度の間隔を空けましょう。

▼馬場全体を見て、自分とペアの相手がセンターラインにきちんと同時に到着しターンできるように、速度を調節します。

第9章

安全に外乗するには

　馬と一緒に過ごす最高に楽しい時間は、おそらく外乗や遠乗りのときでしょう。遠乗りやちょっとした冒険を通して馬との絆を深めたい場合でも、大勢の友達とグループで外乗する場合でも、交通安全意識を忘れず、野外で馬を走らせるときのエチケット（マナー）も知っておかなければいけません。

気をつける点

- 路上での安全の第一歩は、目立つ服を着ることです。乗用車やトラックのドライバーが、1秒でも早くあなた方に気づき、減速できるようにしましょう。
- いつも携帯電話を持って行きましょう。家から何kmも離れたところでトラブルに遭遇するかもしれません。携帯電話は**欠かすことのできないもの**です。
- 行こうと考えているルートを誰かに話しておきましょう。捜す必要が生じたときに、少なくともどの方角に行けばよいかわかるでしょう。
- 友達とおしゃべりをしながら歩いていても、道を行き来する他の人たちへ注意を払うことを忘れないようにしましょう。追い越そうとする人がいたら、縦に並びます。
- いつも思いやりのある乗り手でいましょう。あなたの**笑顔と感謝の気持ち**は、出会った人の態度を変えるでしょう。
- ゲートを出た後、必ず門扉は閉めます。
- 草地の端を行くときは特に注意をしましょう。粗大ごみが草に隠れていたり、馬が穴や溝に肢を踏み込ませてけがするかもしれません。

ペアやグループで乗ってみよう

Point 思いやりのある車のドライバーには笑顔を見せましょう。ちょっとした挨拶には大きな意味があります。乗馬の普及にもつながります。

乗り手の手信号

1. 手を振る＝ありがとう
2. 向かってくる車両、あるいは後方にいる車両に手のひらを向ける＝どうか停止してください。
3. 右方向に腕を伸ばす＝右折
4. 左方向に腕を伸ばす＝左折
5. 腕を伸ばし、手首を回す＝追い越しても大丈夫です。
6. 伸ばした腕を上下させる＝減速してください。

▲**目立つ服**は、安全対策として重要です。車のドライバーに早く気づかれるようにすれば、早めに減速してくれるでしょう。

▶**一人で外乗をするときは**、誰かにルートとおおよその帰宅時刻を知らせておき、必ず携帯電話を持って行きましょう。遅い時間に出発するのは厳禁です。日没時間を考えておく習慣を身につけましょう。

◀**友達と出かけると**、おしゃべりに熱中して注意が散漫になりがちです。窪みや危険なものを見逃さないようにしましょう。また、道に迷ったときの目印になるものを覚えておきましょう。

第10章

障害飛越をはじめよう

　今やあなたは上達し、自信を持って馬に乗れるようになってきました。次はいよいよ障害飛越に挑戦です。障害飛越を学ぶのは楽しいものですが、馬と乗り手の双方にさまざまなことが求められます。臆病では困りますよ！

はじめる前に
- いつものレッスンと同じ身支度（ヘルメットとぴったり合った長靴）に加え、プロテクターを着用しましょう。
- 馬の頸に頸革を装着しましょう。飛越したときに安定を保つためにつかむことができます。手綱にしがみついて、馬の口を傷つけることもありません。
- 鐙のベルト穴を2つぶん短くします。鞍の前方に体重をかけたり、鞍から腰を持ち上げたりしやすくなります。

　障害飛越のレッスンは、これまでの横木通過の延長としてはじめることができます。まずは最後の横木を低い障害に替えてみましょう。横木を速歩で越えていくことで、馬の安定性が保たれ、騎座に集中することができます。馬は飛越後は駈歩になることが多いので、不安なときはたてがみや頸革をつかみます。もっと高く跳びたい場合、インストラクターは駈歩で障害にアプローチするようアドバイスするでしょう。こうすると馬は自分の体を楽に押し上げることができます。また、その方が乗り手も快適です。というのも、馬は速歩で高めの障害を飛越するときは、猫のように跳び上がってしまうからです。

▼**プロテクターがあれば**、失敗して飛越の頂点から地面に打ちつけられるような不幸な出来事があっても、衝撃をやわらげてくれます。

▶バランスをとろうとして**手綱にすがってはいけません**。飛越中に、もしものことがあった場合に備えて、頸革を軽く握っておきます。

> **Point** あなたの馬が飛越を嫌がったり、特定の障害を恐れたりする場合は、安心感を与えるために他の馬の後ろにつかせて障害に向かわせます。

◀◀**鐙のベルト穴を2つぶん短く**して留めます。こうすると馬の動きに合わせてあなたが前傾姿勢をとりやすくなります。

◀**横木通過**は、完璧な飛越のために歩幅を調整する良い練習といえます。

自分が行こうとする方向をまっすぐ見ます。

背を平らにして胸は馬の頸にかぶさるようにします。

尻と膝を支点にして、鞍から腰を持ち上げます。

▶**これが飛越の姿勢です。**前方や上方に体を投じるというよりは、下方にかがみ込むと考えてください。馬の頸を上げさせるのに必要なのは、あなたの拳(こぶし)だけです。

障害を越えるとき、馬が体を伸ばせるように拳をゆずります。

鐙に全体重をかけ、脚の膝下は動かさないようにします。

第10章

飛越を始めよう

飛越時の動きを4段階で見てみましょう。

❶アプローチ
- 障害を見ます
- 生き生きとした柔軟性のある速歩か駈歩を保ちます
- 障害の中央に向かいます
- 直前の2完歩は騎座を深くします
- 手綱を確認し馬のバランスを保つため脚で扶助します

❷離地
- 馬が地面から前肢を離したら、鐙に体重をかけます
- 前傾姿勢になります
- 馬の頸の前方に拳を持っていき、馬が自由に動けるようにします

❸空中
- まっすぐ前を見ます。障害コースを回っている場合は、次の障害を見ます
- 着地の準備のため、バランスを立て直し、前傾姿勢をもとに戻し始めます

❹着地
- 背筋を伸ばしますが、手綱を引っ張って馬の口元を痛めないように注意します
- 馬が体勢を立て直すのを助け、さらに前進させるよう、両脚を使います
- ハミのコンタクトを調整し、次の障害に馬を進めます

ひとこと　飛越中に馬の駈歩の手前を変えられれば正しい手前肢で着地できます。飛越後にターンをする場合、正しい手前で着地できれば馬がバランスをとりやすくなりますし、改めて手前変換する必要もありません。さもないと狭いコーナーで速歩に戻さなければならなくなります。空中で扶助を使いましょう。障害を越えるとき外側の脚と内側の拳を使えば、馬は着地後どちらの方向に行くのかわかるでしょう。特にジャンプオフ（決勝競技）では役に立ちます‼

障害飛越をはじめよう

Point 鐙がはずれたら、膝を締めるしかありません。鐙が長すぎたのです。飛越のときはベルト穴を2つぶん、短くしておきましょう。

③

④

▶足の裏に体重をかけ、膝と尻を支点にしましょう。

乗り手が取り残されており、馬の動きを邪魔しています。

姿勢が高すぎます。

拳が固まっていて、馬の動きを制限しています。

尻と鞍の間が開きすぎです。

第10章

障害飛越の上達

　障害飛越に自信がついてきたら、初心者向けの競技会に参加してみたいと思うかもしれません。多くの競技会は、いわゆるクリアラウンドの障害飛越コースで行われます。クリアラウンド方式では、減点なしでコースを回ってきたすべての参加者にリボンが授与されます。競技会は選手の年齢や馬の体高によりグループ分けされ、複数の出場選手が障害をすべてクリアした場合、決勝であるジャンプオフが行われます。ジャンプオフでは、選手はもっと短い（普通は、より高い障害）経路に挑戦します。タイムを計り、障害を落とさずに最も速くゴールした選手（誰もクリアできないときは最も減点の少なかった選手）が優勝します。

　減点とは、競技中の違反を集計したものです。たとえば…
- 障害を跳ばなかった、あるいは経路を間違えた
- 横木を落とした
- 障害を拒止した、あるいは逸走した

　以下に、これらの違反内容と、違反を避け失敗を克服する方法について説明します。

逸走

　馬が障害のどちら側かに逸走する場合は、はなから障害を避けようとしてイージーな選択をしたといえます。要はあなた次第です。あなたが絶対に跳ぶんだと決意して、馬にもそう思わせなくてはなりません！

　障害には、馬の注意を引き、かつ簡単に逃げられないような工夫をしましょう。馬を障害の中央に誘うには、横木を交差させて障害の幅を広げるとよいでしょう。さらに馬を飛越に導くよう、障害の両側に余っている横木をかけましょう。

　アプローチのときは手綱を短く持ち、馬を前方に向かわせるよう脚で脇を圧迫します。馬が経路を逸れ始めたと思ったときに、脚による扶助がすぐに出せるよう準備をしておきます。

経路違反

　競技会が始まる前に、普通はコースを歩くことができます。これは文字どおり自分の足で歩くことで、それぞれの障害にどうアプローチするか、駈歩での手前変換をいつするか、各コンビネーション障害での歩幅はどうするかなどを考えることができます。それぞれの障害には番号が振られています。

　経路をよく記憶しておくこと、絶対間違えないという自信を持つことが重要です。もし障害を通過しそこねたり、方向を間違えたりすれば、その競技は失格になるでしょう。普通、ジャンプオフでは、短縮された経路を示す障害番号のリストが掲示板に発表されます。たとえば、1番の障害をまず跳び、6a、6bを跳んだら、また2に戻ってくるというように。スピードや飛越能力と同様、ここでも記憶力が求められます。

▲馬が障害から逃げても、すぐに馬を責めないようにしましょう。あなた自身、的確に飛越を指示しましたか？

障害飛越をはじめよう

Point 3台の障害をU字型に組み合わせてみてください。そうすればポールをかけるスタンドは少なくて済みますし、いろいろな方向から飛越することができます。

▲横木をガイドに使えば、馬を楽に障害へ導くことができます。

▶手綱を持っていません！ 自信がついたら、手綱を結んでしまいましょう。完璧にバランスをとって障害を越えます。

◀◀馬に高望みはしないで…馬が自信を失っていたり、障害につまずいたり、拒止するようなら障害を低くしましょう。

◀もし機会があれば、あなたの馬に恐ろしげな障害や派手な障害を見せましょう。そうすれば競技会場で馬が障害を怖がることが少なくなります。

第10章

横木を落とす

　運悪く馬が横木に触れて障害を落としてしまうことがあります。馬は単に障害に少し近寄りすぎただけか、前肢の引き寄せが十分でなかったか、後肢で横木を引っかけただけかもしれません。障害が落下すると、がっかりさせられるだけでなく、1回につき4点減点されます。でも馬を叱ってはいけません。少なくとも跳ぼうとしていたからです。歩幅が合わなかったのか、単に疲れていただけかもしれません。馬に体力をつけさせ、コースに出たときに正確に馬を制御する技術を向上させましょう。

拒止

　障害飛越を嫌がったり、障害の横に逃げたりする馬は、「もうその障害は跳びたくない！」と思ってしまっています。あなたが高すぎる障害や経験のない複雑な障害を跳ばせようと高望みをしているか、馬が怠慢でイージーな選択をしているのです。普通、最初の拒止で減点4、2回目で減点8となり、3回拒止すれば失格となります。躊躇、回転、後退は不服従とみなされ、間違った経路を通ればその時点で失格となります。参加予定の競技のルールをチェックしておきましょう。

　「障害を飛越するぞ！」という強い信念を持つことが、とても重要です。あなたが恐れや不安を感じるとその気持ちが馬に伝わってしまいます。手綱を短く持ち、脚をしっかり締めて、障害の中央に馬を誘導しましょう。馬が飛越を嫌がるようなら、安全のためにたてがみや頸革を握って、馬が急に止まっても肩越しに投げ出されないようにしましょう。

　競技中は、次の障害までの間に自分が走行する経路を横切らないよう注意しましょう。これも障害飛越競技では拒止と同じように減点されます。

▲ **プロテクター**は、落馬して横木が着地の邪魔になったときに本当に役に立ちます！

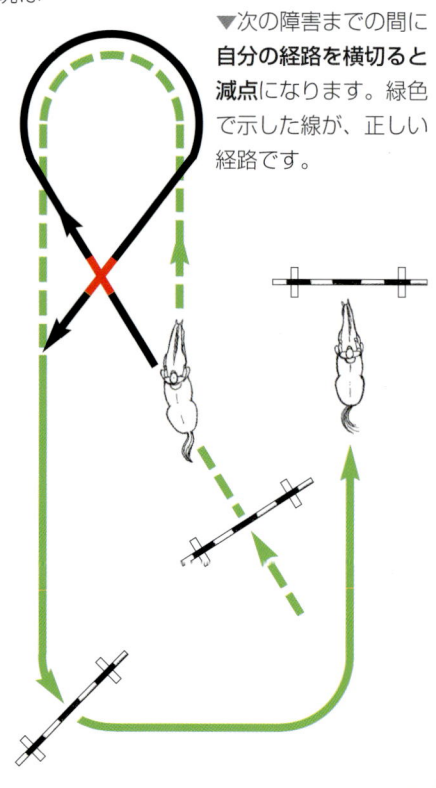

▼次の障害までの間に**自分の経路を横切ると減点**になります。緑色で示した線が、正しい経路です。

障害飛越をはじめよう

Point 試合前のウォーミングアップで、本番より少しだけ高い障害を飛越しておけば、試合中はそれより低い障害になるので楽に越えられます。

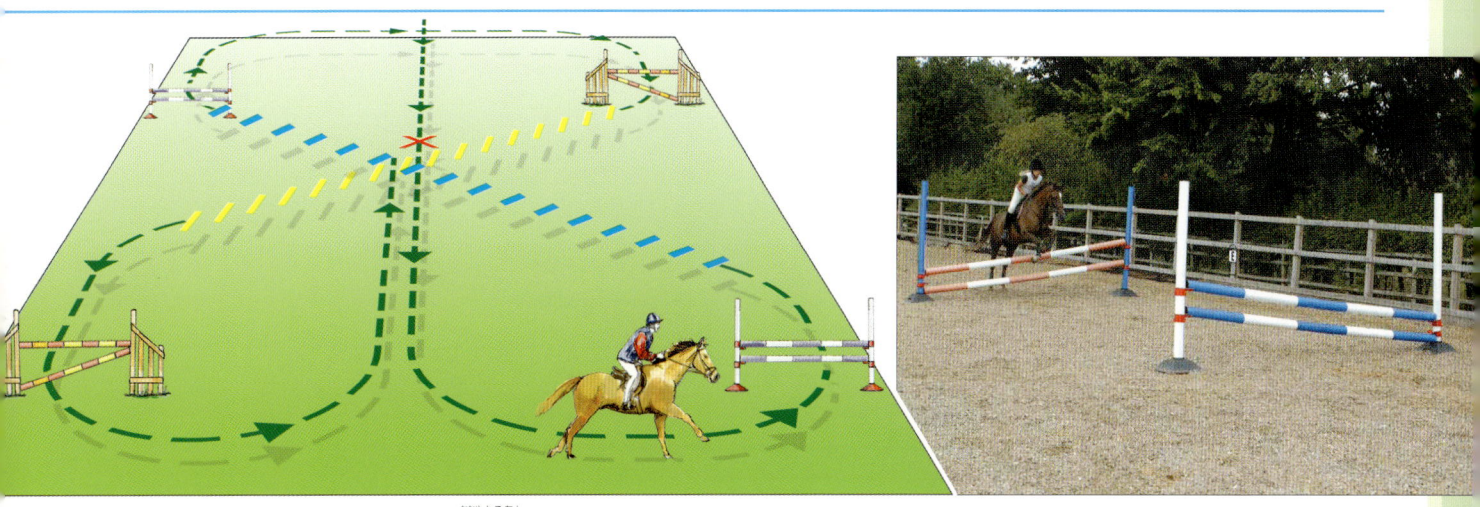

▲突進しがちな馬は、対角線を回るときに斜横歩(ななめよこあし)をさせて落ち着かせ、障害直前の1完歩を駈歩(かけあし)にします。

▲馬が驚いて二度見するような障害を作ってみましょう。馬を集中させるのに役立ちます。

▲落馬は仕方ありません。どの馬にもどの乗り手にも運の悪い日はあるものです。がっかりせずに練習を続けましょう。

◀横木を落としても**絶対に馬を叱ってはいけません**。あなたのために一生懸命跳んだのですから。馬は横木を落としたことで、もっと高く跳ぶ必要があると学んだでしょう。

第10章

障害の種類

障害飛越競技用の障害

通常は、競技場内かパドックに設置され、試合のときに飛越する順番と方向を示す番号が記されています。横木は普通、カップ状の台に乗せられており、馬の肢や蹄がぶつかると簡単にはずれるようになっています。

- 垂直障害
- 幅障害
- ダブル
- トリプル
- オクサー
- 壁
- コンビネーション

ワーキングハンター障害

基本は障害飛越競技用の障害と同じですが、自然物に似せて作られています。丸太の横木や、植栽や茂み、ときには本当に狩りに出たときに飛び越えなければならない踏み段に似せた障害もあります。

クロスカントリー障害

クロスカントリーは、障害の間を駈歩や襲歩で何kmも走行する競技です。それぞれの障害の角に付けられた旗が、向かうべき方向を指し示しています。ちなみに左方向は赤、右方向は白です。障害はしっかり固定されているので蹴っても落ちません。もし蹴ったら馬はとても痛い思いをするでしょう。しかし馬はクロスカントリーを心から楽しく思っているようで、障害飛越競技ではグズで頑固な馬でも、クロスカントリーではすばらしい成果を見せることがあります！

- スタイル（踏み越し板）
- ディッチ（壕）
- オクサー　● 水濠

ひとこと　英国のバーリー馬術競技会のような国際大会を見に行ってみましょう。プロ選手の騎乗ぶりや彼らが飛越する障害の巨大さには目を見張ることでしょう。

▶垂直障害
上下に横木をわたした奥行きのない垂直な障害です。

▼幅障害
この幅障害は、だんだん高くなる3台の障害で構成されています。

▼トリプル

▶ダブル

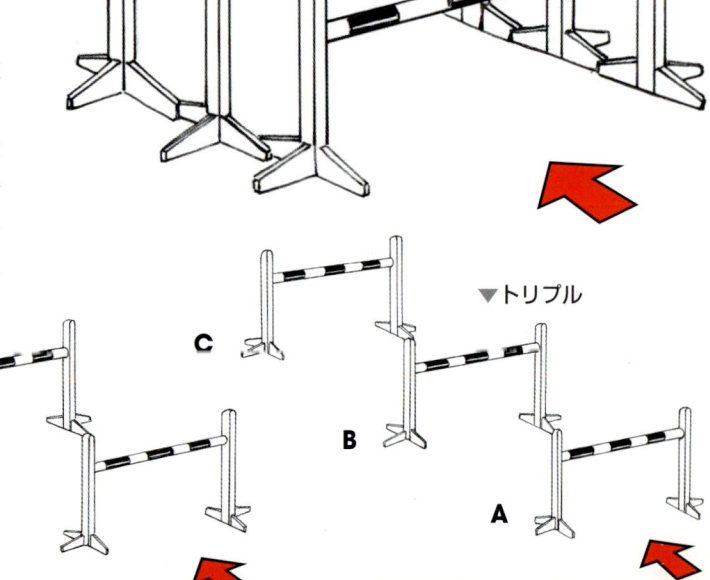

障害飛越をはじめよう

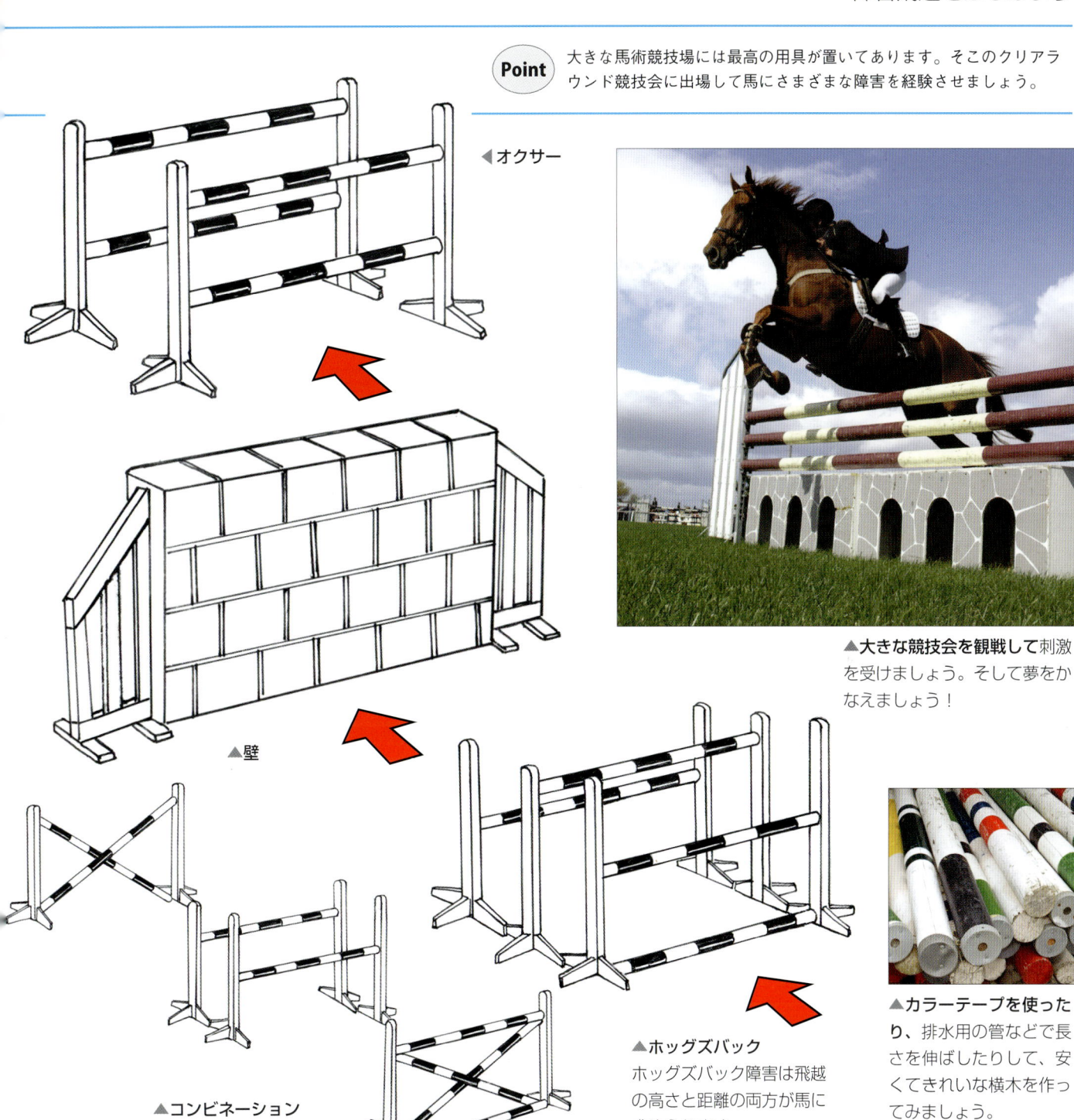

Point 大きな馬術競技場には最高の用具が置いてあります。そこのクリアラウンド競技会に出場して馬にさまざまな障害を経験させましょう。

◀ オクサー

▲ 壁

▲ コンビネーション

▲ ホッグズバック
ホッグズバック障害は飛越の高さと距離の両方が馬に求められます。

▲大きな競技会を観戦して刺激を受けましょう。そして夢をかなえましょう！

▲カラーテープを使ったり、排水用の管などで長さを伸ばしたりして、安くてきれいな横木を作ってみましょう。

第11章

馬場馬術

馬場馬術の審査基準を学ぶ

　馬場馬術競技は、障害飛越競技やクロスカントリー競技ほど楽しくないと最初は思うかもしれません。馬場馬術競技では乗り手と馬が完璧に一体となっている様子や、馬の美しさと運動能力が競われます。はじめて審査を受けると、がっかりするかもしれません。でも、自分の演技を思い出してください。完全な円を描いた巻乗りや正確なターンができましたか？　以下は馬場馬術の審査表です。

初歩レベル　審査A（常歩〜速歩）		
1	A	軽速歩で入場
	X	中間常歩から停止
		あいさつ—中間常歩へ戻る
2	C	中間常歩でトラックの右へ
3	M	軽速歩
4	B	右へ直径20mの巻乗り、軽速歩
	B	頭をまっすぐにする
5	BとFの間	中間常歩
6	K—X—M	尋常常歩
	M	中間常歩
7	C	軽速歩
8	E	左へ直径20mの巻乗り、軽速歩
	E	頭をまっすぐにする
9	A	センターラインに戻る
	X	中間常歩から停止—あいさつ
手綱を長くして尋常常歩で、Aから退場		

採点
運歩の整正と歩様の良さ（自在に変化し、かつ調和があるか）
推進気勢（馬が前へ進もうとしているか、背がリラックスしているか）
従順（沈着で自信に満ちた演技か：調和があり、軽やかで敏捷性があるか：頭部は垂直より少し鼻先が前に出ており、ハミを受けているか）
乗り手の姿勢と騎座、扶助の正確さと効果

　あなたは、やるべき歩法と動作の順序を覚えておく必要があります。一般的に、全ての動作は左右に手前を変えて繰り返されるので、審査の行程を細かく区切れば、簡単に覚えられます。

- 頭の中で審査の様子を思い描きます
- 紙に何度も書き出してみます
- 自分の足でその経路をたどってみます。恥ずかしいと思うかもしれませんが、これが本当に役に立つのです‼
- 練習するときは馬場の脇に誰かに立ってもらって、方向がわからなくなったら即座に教えてもらいましょう

　競技では個々の動きが細かく審査されます。審判はそれぞれの動きを10点満点で採点します。10点は優秀、9点はきわめて良好、8点は良好、7点はやや良好、6点は十分、5点はまあまあ可、4点は不十分、3点はやや不良、2点は不良、1点はきわめて不良、0は不実施です。また乗り手に対する総合評価と馬の従順性についても評価されます。7点をもらえれば上出来で、10点は滅多に与えられません。

　審判は、次回どのように改めたらよいか、それぞれの動きに対しコメントを書いてくれるでしょう。

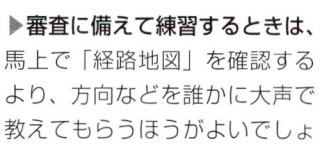

▶審査に備えて練習するときは、馬上で「経路地図」を確認するより、方向などを誰かに大声で教えてもらうほうがよいでしょう。

> **Point** 馬場馬術は自信を持ってやることです。「審査の順序も覚えているし、完璧な駈歩（かけあし）への変換もできる」と前向きに考えて不安を振り払いましょう。

◀ **紙に審査のルートを書き出したり、自分の足で歩いてみたり**することは本当に役立ちます。最初は少しばかみたいに思うかもしれませんが、忘れることはありません。

▶ **審判にあいさつして演技を終えます。**たいていの場合、審判は無報酬ですので、丁重な敬意を払われて当然です。

▼ **冷静さを保ちます。**あなたと馬がどんなに完璧に一体となっているかを、みんなに**見せている**のを忘れないで！

第11章

馬場馬術の上達

　常歩（なみあし）、速歩（はやあし）、駈歩（かけあし）の各歩法間での移行を正確にできるのはもちろんですが、より高度な馬場馬術においては、さらに細かく分けられた歩様が要求されます。それは収縮と伸長による、リズム、しなやかさ、従順さの表現です。

常歩
中間常歩：自然な歩様ですが、常にはっきりしたリズムを刻みます。肢を引きずったりのろのろしてはいけません。
伸長常歩：馬に体を伸ばすように促し、歩幅を長くして、スピードを上げたり速歩に変換せずに前肢の蹄跡を後肢で踏ませます。
収縮常歩：馬の歩幅を短くさせますが、生き生きとした常歩の気勢は保ちます。馬はやや遅くなり、緊張します。
尋常常歩：手綱のコンタクトが解放され※、馬は自由に頭を下げたり伸ばしたりすることができます。生き生きしていなくてはなりませんが、緊張感は和らぎます。

後肢は前肢の蹄跡を踏みます。

速歩
尋常速歩：馬に速歩を促したときに示す自然な歩様です。後肢は前肢の蹄跡を踏みます（上図）。
中間速歩：尋常速歩よりはわずかに歩幅が長くなりますが、速くはありません。
伸長速歩：馬は四肢を品良く着地させます。アウトライン※は低く長いものとなります。
収縮速歩：後肢を馬体の下に深く踏み込ませ、歩幅を狭めるよう馬に促します。エネルギーを肢を前方に伸ばすためではなく、上方への引き上げに向かわせます。

駈歩
　駈歩にも4種類の歩様があります：尋常、中間、伸長、収縮駈歩です。どの歩様でも丘を駆け上るようなバランスのとれたリズミカルな駈歩が望まれます。つまり、馬が乗り手（手綱）に重い頭部を支えられて走っているだけのように見えてはいけないということです。駈歩の3拍目は、馬体が空中に浮く瞬間をつくりだす'バネ'になります。馬が、やすやすとあなたを運んでいるように見えなくてはいけないのです。

▲ストライドを伸ばすための後肢の力強さが見られる、**すばらしい伸長駈歩**です。

馬場馬術

Point 課題を開始する前に、歩幅の広いゆったりした常歩をさせましょう。馬の筋肉がほぐれて暖まるので、馬の体が緊張したり硬くなったりしないでしょう。

▲上の3種類の速歩を見比べてください。（左から右）バランスのとれた尋常速歩、表現力豊かな伸長速歩、高く上がる収縮速歩です。

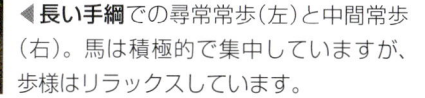

◀長い手綱での尋常常歩（左）と中間常歩（右）。馬は積極的で集中していますが、歩様はリラックスしています。

▲空中に浮く直前、馬の背が持ち上がると同時に、**乗り手自身の体も上がっている**のがわかるでしょう。

▲**長く伸ばされた手前肢**が、駈歩の豊かな表現力を表しています。リラックスした尾は、背が自由な状態であることを示しています。

第11章

半減却
はんげんきゃく

　半減却は、筆者がはじめて乗馬をしたときには残念なことに誰からも教えてもらえなかった「秘密」です。上手な馬術家になるための「聖杯」ともいえます。半減却とは2完歩の間に、馬に要求したいことに対してかすかな合図を送ることです。たとえば、歩様を変換させるときや、バランスを改善してあなたに注意を向けさせるときなどに行います。
- 騎座を深くします
- 前方への動きを瞬間的に外側の拳で抑制します
- 前方への推進を保つために、両足の踵で圧迫します
- 馬が応じるのを感じたら再び前進を許します

　半減却は前駆を軽くして、瞬間的に歩度を速める効果をもたらします。

斜横歩
ななめよこあし

　斜横歩は、前方に進みながら横にステップを踏む歩き方です。つまり「横方向への移動」といえます。前から見ると馬はほとんどまっすぐに見えますが、両前肢と両後肢は横へ動くため、クロスしているのがわかります。しなやかさ、バランス、脚扶助への従順さを生み出す良い方法といえます。常歩でも速歩でもさせることができます。

　右手前で、馬場のA地点、中央ライン上に立ち、外側のトラックのH地点を目指す場合：
- 鞍の中央に体重をかけ、姿勢を高くして座ります
- 馬の頭をわずかに右に曲げます（でも乗り手は左に進行します！）
- 帯径に右の脚をあて、馬を左に圧します
- 帯径の後ろを左の脚で圧迫し、馬の後駆が外側に振れるのを抑え、通常の旋回を促します
- 一歩ごとに両脚を締め、柔軟な手綱のコンタクトを維持して馬を前に進ませます
- H地点に到達したら馬を愛撫しましょう

全て、両方の手前で練習しましょう。馬は一方向だけが好きなわけではありません。

▶**半減却では**両脚で圧迫しますが、手綱を引いて前方への動きを止め、そのあとゆるめます。

▼❶この馬は速歩でうまくスタートしましたが、❷前のめりになりハミにたよると、突進する傾向にあります。❸**乗り手が半減却を指示**すると、馬の重心が後ろに戻り、拳は軽くなります。

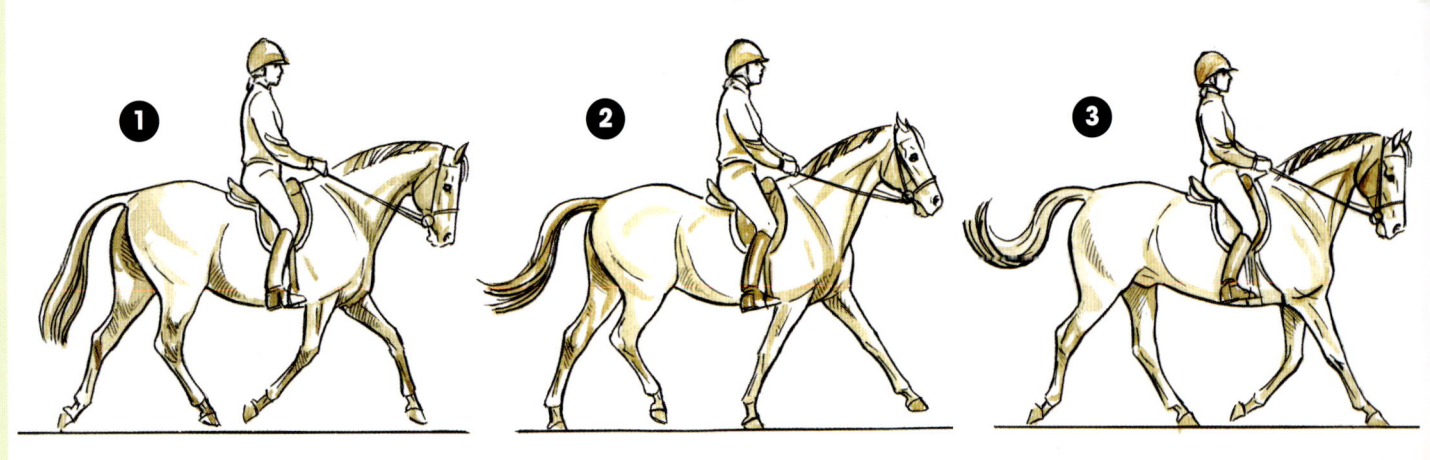

馬場馬術

> **Point** 練習すれば完璧になります。馬場を大きく速歩で回り、それぞれのコーナーの直前で、馬のバランスを改善し安定させるために半減却を練習します。

❶ ❷ ❸

▲❶この馬は駈歩でハミにたよっていますから、❷バランスをとり直すために半減却をして、❸馬の前駆を起こします。

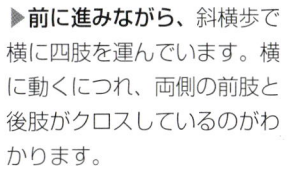

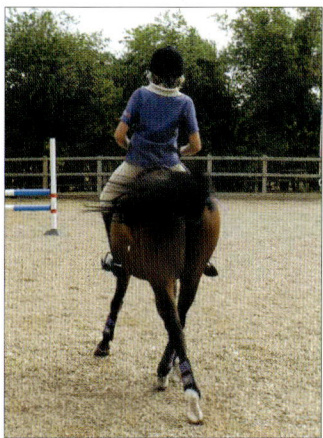

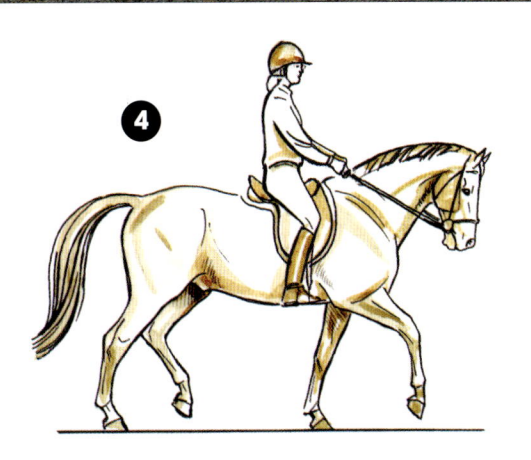

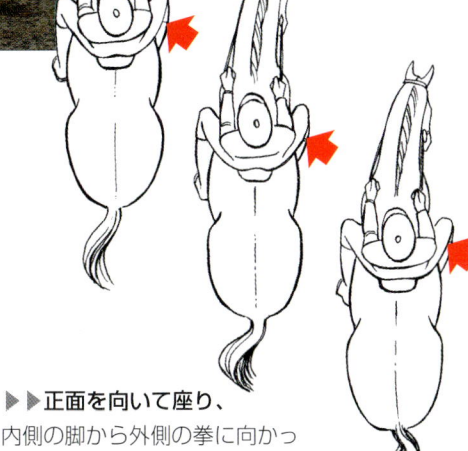

▶前に進みながら、斜横歩で横に四肢を運んでいます。横に動くにつれ、両側の前肢と後肢がクロスしているのがわかります。

❹

▶▶正面を向いて座り、内側の脚から外側の拳に向かって斜めに馬を圧迫します。

第12章

クイズ　あなたはどんなライダーですか？

**自分はどんなライダーか？
今後の方針は？**

　自分の好みを知り、将来進むべき方向やインスピレーションを得るために、以下のクイズに答えてみてください。A～Dの中から、あなたの考えに近い答えを選び、選んだアルファベットを数えると自分にぴったりな乗馬の楽しみ方がわかりますよ。

1．どういったタイプの馬に乗るのが好きですか？

A　ずんぐりしたコブタイプの馬。在来馬とHeintz57（馬の品種の1つ）の半血種。安全で、敏感だけど楽しめるところが私は大好き。

B　私自身の馬。完璧だからほかの馬に乗る必要はないわ。

C　器量良しの温血種かクォーターホース。力強く調教しやすいし、良識もある。

D　アラブ、サラブレッド、アンダルシア。本当に美しい馬たちで、私はがむしゃらな挑戦が好き！

2．どういう乗り方がベストですか？

A　馬との心の交流が何よりも好きです。その心地良さはなんともいえません。

B　仲間たちと馬で郊外にくり出すことがすごく楽しい。

C　いろいろな乗馬レッスンを楽しんで馬も自分も、もっと向上したい。

D　速い襲歩で乗り回したり、競技会に出て興奮を味わいたい。そうしているともっと乗りたくなる。

3．競技会に出場しましたが、思い通りには行かず、残念なことにビリから2番目になってしまいました。あなたはどう感じますか？

A　すごく恥ずかしい。もう二度と競技会には出たくない。ただ馬に乗っているだけでいい。

B　ついてなかっただけ。自分が上手なのを知っているから、気にしないわ。インストラクターに模擬試験を頼んでどこが間違っていたのかみてもらおう。

C　うまくやったのに不当だと思う。順位はあらかじめ決まっていたに違いない。もう二度とその競技会には出ない。

D　1つの経験ではあったわ。ただ、いつまでもくよくよ悩みそう。

> **Point** 自分の乗馬技術でへこんだときこそ、馬という本当に素敵な動物と絆を結べることが、どんなに素晴らしいことか思い出してくださいね！

4. 友達があなたに「良く調教された素敵な馬を貸すから、一緒に駈歩で狩りに行くか、遠乗りに出かけよう」と誘ってくれました。あなたなら…

   A すぐに断る。私は自分の気に入っている良い馬を持っているし、自分の馬と一緒にいるのがとても楽しいから。

   B 本気でよく考えたが、速く走って馬を制御できなくなるかもしれないし、落馬も怖い。安全のことを考えて丁寧に断る。

   C 少し心配だが、乗馬技術の向上につながるし、1つの経験にもなるので承諾する。

   D その馬に乗るのは貴重な乗馬体験になると思う。「もちろん」と叫んで友達の気の変わらないうちに約束してしまう。

5. どんな乗馬服を着ますか？

   A きちんとして安全な規定通りの服を着る。必要ならプロテクターでも派手で目立つ服でも着るわ。

   B 着心地の良いジーンズやブーツ。私はよくそんな恰好で長い外乗に行きます。

   C トレンディでなくちゃ。キラキラのブランドもので、いかにも「馬乗りよ」ってとこを見せたいの。

   D ほとんど普段着で、基本的に日々の練習では気をつかわないわ。ただ、競技会で評価の対象になるなら、それなりの服は着るわ。

6. 休みに馬に乗るとして、あなたならどれを選ぶ？

   A ほれぼれするようなコブタイプ（小柄で頑健）の馬に引かれて、1週間ジプシーキャラバンで生活する。小道をパカポコ歩く蹄の優しい音を聞きながら美しい田舎の風景を眺めたい。

   B すてきな緑の丘に行って景色を眺めて、毎日そこでピクニックするの。

   C 1週間乗馬センターでクロスカントリーの技術を磨くか、新しくポロ競技か何かを習いたい。

   D スペインでアンダルシアンかイベリアンかルシターノに乗って、岩のゴツゴツした泥んこ道を駈けるの。

第12章

クイズ あなたはどんなライダーですか？

7. 乗馬クラブが休みになりました。その間あなたがもっともしたいことは？

A　多くの時間を自分の馬と過ごす。何をするかは考えていない。

B　馬の夏季キャンプに参加する。友達や馬と一緒にやりたいことがたくさんあるわ。

C　自分の乗馬技術と馬の調教技術を磨く時間にあてるわ。調教はアトよ。

D　どこかの競技会に出てみたい。馬と一緒にワクワクしたいの。

判定

Aが多いあなたは…

あなたは馬に乗ることと同じくらい馬とのコンパニオンシップを愛しています。ただ、必要以上に用心深いときがあって、自分の進歩を妨げています。あまり気にすることはありません。あなたはただ馬と走り回ることが楽しくて乗馬をしています。リボンを勝ち取る条件を満たしていますよ。

馬乗りとしての将来の可能性：あなたの世話好きと几帳面な態度から、たぶん将来は馬を使うセラピストになれるでしょう。

Bが多いあなたは…

あなたは控えめで感情の起伏の少ない落ち着いた人です！　流れに身をまかせ、友達と外乗することが楽しいのですが、同様にちょっとした冒険をすることも楽しい。あなたがしようとすることは良い経験となり、全てが宝になります。

馬乗りとしての将来の可能性：人間関係が良く、すぐに興奮することもないので、厩務員か乗馬学校のインストラクターに適しているでしょう。

Cが多いあなたは…

あなたは本当に乗馬にのめりこみ過ぎています。完璧になるためには、時間も努力も惜しみません。命をかけていると誰しも言うでしょう。でもちょっと思い出してください。乗馬は楽しいものでなくてはいけません。人の批評ばかりしていると乗馬がつまらなくなりますし、友達を失ってしまいますよ。

馬乗りとしての将来の可能性：おそらくあなたは才能があるのでしょう。奨学金を受けたり選抜されてスポンサーがついたりして、競争心を良い方向に持っていくとよいでしょう。

Dが多いあなたは…

スリルを追い求めるカウボーイ！アドレナリン全開である限り、何をしようが、どうなろうが気にしません。いつも挑戦的で、怖いもの知らずですが、ときにはちょっと向こう見ず過ぎるように思えます。安全面も忘れないようにしましょう。そしてあなたのその自信を、それほど勇敢でない友達が何か新しいことに挑戦できるように手助けするなど、上手に利用しましょう。

馬乗りとして将来の可能性：あなたはたぶん、競馬のジョッキーになっているでしょう。あるいはポロ競技場で防御や攻撃を楽しんでいるかもしれませんね。

用語集

注記：本文中に以下の用語が初出した箇所には※マークをつけています。

アウトライン（Outline）：乗り手がいるときの、馬の頭部から後肢までの馬体の上側のライン。項から鬐甲までの頭のラインと、鬐甲から後躯までの背中のラインが丸いのが理想。

浅い／深い騎座（light/heavy seat）：馬への扶助のため、乗り手が鞍にどう体重をかけるかということ。

アプローチ（Approach）：障害を飛越する直前の数完歩。

移行（Transition）：ある歩様から別の歩様に移ること。

エンデュランス（Endurance）：長距離の地形の変化に富んだ土地を制限時間内で走る競技。

外乗（Hack）：戸外で騎乗すること。馬に乗って小道などを散策すること。

解放（Releasing）：手綱のコンタクトを解き、馬が頸を伸ばせるようにすること。また、よりスピードを上げさせること。

駈歩（Canter）：3ビートの歩法で、片側の前肢と後肢がもう片側の前肢と後肢より先に着地し、四肢全てが地面から離れる瞬間がある。

カブソン（Cavesson）：平らな鼻革。遊び心で使うもので、馬に扶助を与えるものではない。調馬索用カブソンは革か織紐でできており、鼻革の前にリングがついていて、そこに調馬索をとりつける。

脚を使う（put your legs on）：馬の脇腹をふくらはぎと踵で圧迫すること。

後躯の踏み込み（Self-carriage）：馬が後躯を深く踏み込み、前肢の負重が軽くなった様子。バランスを生み出し、四肢を拳上する歩様。

後退（Rein-back）：馬が後退する動き。馬は対角線上の肢をペアで動かす。

拳を控える（closing the hands）：拳を握り、手綱を少し短くして前方への動きを制限すること。

コンタクト（Contact）：手綱を介した、乗り手の拳から馬のハミへの連携。コンタクトはきつくなく柔軟なものがよい。乗り手が手綱を引いてコンタクトを取るのではなく、脚の扶助で馬を前に進めてハミを受けさせるのが理想といえる。

収縮（Collection）：馬体を縮め、四肢を高く上げる動き。

襲歩（Gallop）：最も速い歩法で、馬は体躯を精一杯伸長させる。

ジョグ（Jog）：ウエスタンスタイルにおける歩様で、軽速歩に準ずる。

伸長（Extension）：長い歩幅で動くように馬に促すこと。

前傾姿勢（Forward seat）：乗り手が鞍から腰を上げ、前のめりになっている状態で、膝とつま先に体重をかけている。襲歩や飛越のときにとる姿勢。

タイダウン（Tie-down）：馬が口を開くのを妨げる鼻革。

大勒ハミ（Curb bit）：通常はテコの作用を持つチークやシャンク、ならびに響鎖と一緒に用いる。ウエスタンスタイルの馬は、通常、大勒ハミを使い、手綱をだらんとさせてコンタクトはとらない。

調馬索運動（Lungeing）：騎乗せずに、長い手綱をつけて円周に沿って動かす運動。

ナッピング（Napping）：ある種の馬が、自分の居場所や他の馬から離れることを嫌がる反抗的な動作。

常歩（Walk）：ゆっくりとした4ビートの歩様。

ネックレイニング（Neck-reining）：ゆるい手綱で馬を操るウエスタンスタイルの乗馬で使われる扶助技術。

ハックァモア（Hackamore）：ハミなし頭絡。

速歩（Trot）：対角線上の肢が対で動く2ビートの歩法。腰を上下させて乗ること（軽速歩）ができる。

バランス（Balance）：良く調教された成果である馬の動き。手綱に頼らず、馬自身で動くこと（後躯の踏み込みも参照）。

扶助（Aids）：乗り手が馬に何をすべきかを指示する合図。主扶助は脚、騎座、拳と音声。副扶助には鞭、拍車などが含まれる。

フラッシュ鼻革（Flash noseband）：結んで下げる形式の鼻革。他にドロップ鼻革、グラクル鼻革と呼ばれるものがある。

ボザール（Bosal）：生革の組みひもでできたハミなし頭絡の一種。

歩様（Gait）：歩き方。常歩、速歩などの四肢の着地パターン。

マルタンガール（Martingale）：頭部を高く上げ過ぎる馬の矯正のために用いる調教補助具。

抑制（Restricting）：解放の逆。乗り手が馬の前方への動きを抑制すること。

ロウプ（Lope）：ウエスタンスタイルにおける歩様で、ゆっくりした速歩に準ずる。

索引

注記：斜体の数字はその項目の図表があるページを示し、太字の数字は主な説明のあるページを指す。

【 あ行 】

愛撫　　　　　　34, *34*, 35
足上げ　　　　　　　　　**26**
汗　　　　　　　　　　　16
鐙　　　　8, *8*, 10, 20, **22～23**, *22*, *23*, 24, 25, *26*, *27*, 28, *29*, 40, 48, 60, *61*, 74, *75*, 77
　鐙なしでの騎乗　**60～61**, *61*
　調節　　　　　　　　　**22**
　引き上げ方　　　　　　**28**
アマチュアによる競馬　　10
安全　　　　　　9, **72～73**
移行　　　　**42～47**, *42*, 86
　駈歩から速歩へ　　　　46
　停止から常歩へ　　42, *43*
　常歩から速歩へ　　44～45
　速歩から駈歩へ　　　　46
インストラクター　6, 69, 70, 74, 90
ウエスタン馬術　8, *9*, *30*, **48～51**, *49*
　ショウマンシップ　　　51
　トレイル　　　　　　　51
　バレル・レーシング　　51
　プレジャー　　　　　　50
　ホースマンシップ　　　50
　レイニング　　　　　　50
馬の管理に関するレッスン　6
馬への近づき方　　　34, 35
エチケット　　　　　70, 72
円運動の扶助　　　　　　46
エンデュランス競技　　　10

【 か行 】

横木　　54, 55, **64～68**, *64*, *65*, *66*, *67*, 74, 75, *78*, *80*, *81*, *82*, *83*
扇状　　　　　　　　66, *66*
落とす　　　　　　　79, 80
駈歩による飛越　　　66, 67
高くするとき　　　　　　66
誘導　　　　　　　　　　79
屋内馬場　　　　　　　　　6
恐れのサイン　　　　32, *33*

外乗　　　　　　　　　　72
駈歩　　　8, 42, **46～47**, *46*, *47*, 48, 68, 74, 76, 78, *81*, *82*, 86, *86*, 89
扶助　　　　　　　　　　46
騎座 (扶助を参照)
脚 (扶助を参照)
ギャグ (ハミを参照)
厩舎　　　　　　　　　6, 7
競技会　　6, 49, 50, 70, 78, 80, 90, 92
靴 (ブーツも参照)　8, *8*, 74
屈曲　　　　　41, **52～53**, *53*
鬐鎖　　　　　　　　10, *15*
鬐鎖止め革　　　　　　　10
頸革　　　　　　　74, *74*, 80
鞍　　　　8, 10, **16～17**, *16*, *17*, 24, 25, *26*, *26*, 28, 40, 44, 50, 60, *61*, 62, 74, 75, 88

【 さ行 】

収縮　　　　　　　　68～69
従順　　　　　　　　　　84
柔軟体操
　馬の　　　　　　　　　63
　乗り手の　　　　62, *62*～63
襲歩　　　　　　　8, 82, 90
障害　　74, 76, 78, 79, 80, **80, 82～83**
　クロスカントリー　　　82
　ワーキングハンター　　82
障害飛越競技　61, 68, 79, 80, *82*, *83*
乗馬クラブ　　　　　　　　6
乗馬　　　　　　　　24～27
ウエスタン・スタイル　**20～21**, *20*, *21*, 48
　装着　　　　**18～19**, **20～21**
　馬術　　　　　　　　　20
　バレル・レーシング　　20
　ブリティッシュ・スタイル　16, 18
　ローピング鞍　　　　　20
鞍下クロス　　　　　16, *17*, 18
鞍下パッド　　　16, *16*, *17*, 18
鞍下毛布　　　　　　　　20
クロスカントリー　　　6, 84
下馬　　　　　　　　28～29
減点　　　　　　　　　　80
後退　　　　38, **54～55**, *54*, *55*
拳 (扶助を参照)

【 た行 】

タイダウン　　　　　　　11
手綱　　8, *9*, 10, 12, 14, *15*, 22, 24, 28, 30, *30*, 31, 36, 42, 43, *43*, 44, 46, *46*, 47, 48, 49, 59, *61*, 64, 68, *68*, *69*, 74, *74*, 76, 78, *79*, 80, 84, 88
　正しい持ち方　　　30～31
　手放し　　　　　　　　58
調馬索　　　　　　　　　58
調馬索運動　　　　　　　36
停止　　　　42, 54, *54*, *55*, 84
手信号　　　　　　　　　73
頭絡　　　　　10～15, *11*, *13*
ウエスタン・スタイル　11, 14～15
　装着法　　　　　12～13, 14
　2個の　　　　　　　　10
　ナイロン織物　　　　　10
　ブリティッシュ・スタイル　10～11, 14
遠乗り　　　　　　　　　72
トレック競技　　　　　　54

索引

【な行】

ナッピング	33
斜横歩	88, 89
常歩	8, 42, 50, 58, 60, 64, 84, 86, 87, 88
ネック・レイニング	48, 49
喉革	11, 12, 13

【は行】

歯	34
拍車	40
馬車競技	10
裸馬への騎乗	10, 26
ハックモア	10
ウエスタン	14
鼻革	10, 11, 12, 13, 14
カブソン	10
馬場	44, 46, 56〜57, 57, 64, 71, 82, 84, 89
馬場馬術	6, 7, 16, 39, 84〜88
審査	52, 55, 56, 56, 84〜85, 85
ハミ	10, 10, 12, 14, 30, 34, 89
ギャグ	10, 11
大勒	14
ハックァモア	14
ペラム	10
速歩	8, 42, 45, 46, 46, 47, 50, 56, 58, 59, 60, 64, 68, 74, 76, 86, 87, 88, 88
軽	8, 22, 44, 45, 65, 71, 84
速歩での手前変換	44
バランス	58〜59, 58, 61, 62, 89
腹帯／帯径	18, 19, 20, 24, 41, 88
調節	22
腹帯擦過傷	34, 35
バレル・レーシング	51, 51
半減却	88〜89, 88, 89
飛越	8, 16, 58, 60, 74〜82, 75, 84
逸走	78, 78, 80
拒止	78, 79, 80
経路違反	78
減点	78
段階	76
着地	76
不快のサイン	32, 33
扶助	34, 36〜40, 42, 69, 76, 84
駈歩	46
脚	8, 40, 40, 41, 43, 44, 76
声	36, 37, 43
拳／手綱	8, 36, 36, 37, 40, 42, 42, 54
旋回	46
体重／騎座	8, 9, 36, 37, 38〜39, 38, 39, 40, 52, 54
副	40
踏み台	24, 26〜27, 26
ブリティッシュ馬術	8, 9, 30, 48, 49
プロテクター	74, 74, 80, 91
ブーツ（靴も参照）	8, 91
蛇乗り	53
ヘルメット	8, 8
帽子	8, 8, 74
保険	6
ボザール	14
歩法	8, 50, 84, 86, 87
ポールワーク／横木通過	54, 74, 75

【ま行】

マルタンガール	11
満足のサイン	32
目印	56, 57
目立つ服	72, 73, 91
物見	60
門扉を閉める	72

【や行・ら行】

横方向への動作	41
落馬	81
レッスン	6
グループレッスン	7
ロウプ	8, 48, 50

Picture Credits

Unless otherwise credited below, all the photographs that appear in this book were taken by **Neil Sutherland** and **Mark Burch** especially for Interpet Publishing.
Mark Chapman: 4.
Nathan Haynes/NRH Photography (www.nrhphotography.co.uk): 49 top, 50 top right, 50 bottom right, 51 bottom centre.
iStockphoto.com:
 4loops: 48.
 Emmanuelle Bonzami: 9 bottom left.
 Alexander Briel: 64 bottom.
 Barry Crossley: 26 top right, 33 bottom right, 72 top right, 75 top centre, 78.
 Hedda Gjerpen: Cover main image, 2, 3 left, 3 top right, 11 top left, 37 top, 41 left, 83 bottom right, 92.
 Margo Harrison: 83 top right.
 Anja Hild: 7 bottom, 68 left.
 Rick Hyman: 40, 77 bottom right, 85 bottom left.
 Kai Koehler: 35 top centre.
 Holly Kuchera: 11 top right.
 Craig Lister: 80 top right, 81 bottom right.
 Tina Lorien: 91 top right.
 Markanja: 84 bottom right, 90 bottom right.
 Mary Morgan: 33 bottom left.
 John Rich: 56 top, 90 top right.
 Nick Schlax: 8 top centre.
 Victoria Short: 50 bottom left.
 Joshua Smith: 14 bottom left.
 Lori Sparkia: 35 bottom right.
 Chase Swift: 85 bottom right.
 R. Sherwood Veith: 16 top.
 Roland Vidmar: 39 top left.
 Deanna Witzel: 1.
 Zastavkin: 22 bottom.
Doreen Phillips: 95.
Shutterstock.com:
 Pavel Bortel: 59 bottom centre.
 Nicola Gavin: 72-3 bottom.
 Margo Harrison: 60 left.
 Jeanne Hatch: 15 bottom left.
 Ron Hilton: 51 top.
 Mikhail Evgenevich Kondrashov: 60 right.
 Holly Kuchera: 9 bottom right.
 Brad Sauter: 91 bottom right.
 Eline Spek: 90 bottom left.
 Gordon Swanson: 8 bottom centre.

楽しい乗馬ビジュアルテキスト

2012年4月20日　第1刷発行
著　者　　ジョー・バード
訳・監修者　楠瀬　良
発行者　　森田　猛
発行所　　株式会社 緑書房
　　　　　〒103-0004
　　　　　東京都中央区東日本橋2丁目8番3号
　　　　　ＴＥＬ 03-6833-0560
　　　　　http://www.pet-honpo.com
ＤＴＰ　　有限会社オカムラ

ISBN 978-4-89531-129-8　Printed in China
落丁，乱丁本は弊社送料負担にてお取り替えいたします。

本書の複写にかかる複製，上映，譲渡，公衆送信（送信可能化を含む）の各権利は株式会社緑書房が管理の委託を受けています。

JCOPY〈(社)出版者著作権管理機構 委託出版物〉
本書を無断で複写複製（電子化を含む）することは，著作権法上での例外を除き，禁じられています。本書を複写される場合は，そのつど事前に，(社)出版者著作権管理機構（電話 03-3513-6969，FAX03-3513-6979，e-mail：info @ jcopy.or.jp）の許諾を得てください。
また本書を代行業者等の第三者に依頼してスキャンやデジタル化することは，たとえ個人や家庭内の利用であっても一切認められておりません。

■訳・監修者プロフィール
楠瀬　良

農学博士・獣医師
社団法人日本装蹄師会　常務理事
1951年生まれ。1975年東京大学農学部畜産獣医学科卒業。同大学院，群馬大学大学院を経て，1982年JRA競走馬総合研究所入所。以後，一貫して馬の心理学・行動学の研究に従事。同研究所運動科学研究室長，生命科学研究室長，次長を歴任。2011年より現職。著訳書に「新アルティメイトブック馬」（緑書房），「馬の医学書」（共著，緑書房），「サラブレッドはゴール板を知っているか」（単著，平凡社），「サラブレッドは空も飛ぶ」（単著，毎日新聞社），「品種改良の世界史」（共著，悠書館）など。ほか論文多数。